《老重庆影像志》

老街巷

千百年来，高高低低、长长短短，或热闹或僻静的大街小巷诠释着山城的个性和物质。他不但成就了这座奇特的山城和豪放的重庆人，同样也承载着巴渝人勤劳勇敢、坚韧不拔和宽容大度的胸怀。她绝不同于北京的胡同，上海的里弄……一种别样的味道、一种独特的气息，令人陶醉，邻人难忘。

朱俊 编著

重庆出版集团 重庆出版社

图书在版编目（CIP）数据

老街巷／朱俊编著 .—重庆：重庆出版社，2007.11
（老重庆影像志／王川平主编）
ISBN 978-7-229-06524-9

Ⅰ．老… Ⅱ．朱… Ⅲ．城市道路—重庆市—图集 Ⅳ．
K927.19-64

中国版本图书馆 CIP 数据核字（2007）第 035557 号

老街巷

LAO JIEXIANG

丛书主编 王川平
丛书副主编 刘豫川 邵康庆
编著 朱俊
资料提供 重庆中国三峡博物馆 何智亚 戴前锋 士伏
插图 周颖

策划 郭宜 邓士伏
责任编辑 邓士伏 张跃
封面设计 郭宜 刘洋
版式设计 邓士伏 张跃
责任校对 何建云
电脑制作 郑超

重庆出版集团 重庆出版社 出版
重庆南岸区南滨路 162 号 1 幢 邮政编码：400016 http://www.cqph.com
重庆市开源印务有限公司印制
重庆出版集团图书发行有限公司发行
E-MAIL：fxchu@cqph.com 邮购电话：023-61520646
全国新华书店经销

开本：787mm×1092mm 1/16 印张：10.25 字数：206 千
2013 年 5 月第 1 版 2018 年 4 月第 2 次印刷
印数：4001-6000
定价：27.00 元

如有印装质量问题，请向本集团图书发行有限公司调换：023-61520678

目录

总序

《老重庆影像志》

王川平

看着这座古老的城市慢慢长大

尽管重庆直辖才十年，但它却很古老；尽管重庆正以惊世的速度在长高、长壮，但它曾经十分古朴而低矮；尽管重庆一天天在变得靓艳，但它灰蒙蒙而沉甸甸的底色仍存留在记忆之中。当楼房的样式和市民的生活越来越趋于类似的时候，这座城市的文化性格与城市品质就变得像空气和水一样重要和宝贵。

历史与现实就是这样复杂，这样磕磕碰碰。重庆的文化人一方面惊讶于这座城市成长的速度，一方面惊讶于在此速度拉动下消逝了的那些值得保留的东西。这种惊讶同样是复杂和美好的，因为他们不因惊讶而停住手脚，停止思考与行动。眼前这套《老重庆影像志》丛书就是他们这种努力的一部分。

《老重庆影像志》丛书共十本，分别是《老城门》、《老房子》、《老街巷》、《老码头》、《老地图》、《老广告》、《老档案》、《老行当》、《老风尚》和《老钱票》。它们从不同的视角，管窥这座城市的昨天，内容涉及市政变迁、政治演变、经济发展、市井生活、文脉流转传承等等方面，尤其是对老重庆的个性与嬗变、老重庆的灵性与魂魄、老重庆的根与源，力图以图文并茂的表述引起读者的注意，与读者作寻根之旅。本丛书的作者与编者，都是从事文物、图书、档案、出版、历史和文化研究等方面工作多年的优秀人选，既有丰富的实际经验，又有专门知识方面的学术积累，并尽可能在文字处理上通俗、生动、准确。丛书使用的两千多张历史照片，许多是第一次公开出版，足见其珍贵和罕见。

重庆是一座具有世界历史与文化价值的城市，对于这一点，笔者在主编该丛书及撰写《老房子》的过程中坚信不移。这不是直辖后的文化自大，而是遵循“实史求是”的原则准确对待重庆历史得出的结论，是依据古为今用的原则建设重庆新文化的需要。可惜的是我们总以为自己的文化家底不够厚，其实是我们现时的努力离目标还有较大的距离。令人高兴的是直辖之初，笔者提出把重庆建设成为与长江上游经济中心相适应的文化中心的文化建设远期目标，已经为越来越多的市民所接受，正在成为这座城市的规划和行动。从这个意义上说，《老重庆影像志》丛书的出版，确实是一件可喜可贺可敬之事。

前言

重庆市区街道变迁略述

重庆城的地理位置十分特殊，从地图上看，它位于一个狭长的半岛上，三面环水。自 1926 年潘文华出任重庆市市长后，延用江西人傅友周主持市政，重新规划城市格局。傅友周毕业于美国科罗纳多州矿冶学院。他根据重庆城区的特点，在旧城中修建了三条主要公路，分别自东向西延伸，其间自然形成近二百条大小街巷将上下半城连接成一个整体。因为地势高低起伏自然造成满城街巷迂回曲折、房屋错落有致的独特景象。近人刘师亮说重庆是“石峭坡回路又斜，依山傍水万人家，莫言浏览无滋味，难行寻些坎坎爬”。就是这些长长短短的街巷，浸润了重庆人的性格，上演了许许多多脍炙人口的故事。成为重庆城市性格不可或缺的组成部分。我们至今仍能听到略带调侃意味的“街娃”称呼还在市民口中流行。

自清末到民国，重庆市区的街道经过了多次不断的改造变化。特别是市中区这个半岛，历来为郡、州、府、县治所所在地。元、明、清时为道治所在，元时为四川南道，明代有上川东道，清有川东道均设在这里。至今，尚有这些道署遗址残迹。如石灰市以前曾叫学政院，是清代考场旧地；川东道署在道门口；解放东路旧称巴县衙门街，也曾是大夏政权明玉珍在重庆的皇宫所在地和蜀军政府府署。抗战前，城区主要商业中心集中在陕西街、林森路一带。因这一地区靠近两江，独占航运交通之便利。“陪都”时期，随着市区人口剧增，城外公路的开辟，电厂及自来水厂的建立，人口居住中心便渐渐向都邮街、民生路一带转移，市区上半城才开始繁华起来。

重庆城原本建在一个山脊上，山脊由西向东延伸，人们习惯上将城区划分成上半城和下半城。下半城通往上半城有数不清的小街、小巷，如南纪门通往上半城的就有：天灯街——领事巷——马蹄街——天官府——五福宫——柑子堡——王爷石堡——至圣宫——回水沟——存心堂——骡马店等。这些小街小巷有大有小，有长有短，道路宽窄不一，并且多数都没有路灯。住在其间的大都是一些“苦力”、小店员、小贩等。环境肮脏，治安十分混乱。重庆市政当局对此非常头痛，一直以来都想对这些地方进行改造。

1927 年重庆督办公署公布了《重庆商埠整

过于集中在仅仅 8 平方公里的半岛上。于是当局又拆毁了一些旧街道，将猪毛巷、书院街、炮台街、觐阳巷合并成沧白路；落虹桥与鼎新街、老衣服街平行；蹇家桥与鸡街合并，更名为“五四路”；状元桥并入林森路，板板桥并入十八梯；太平桥东接滥泥湾，西接天星桥正街；扩展修建较场口经民权路至打铜街；民生路与磁器街打通；凯旋路经后伺坡接邹容路；大阳沟、米花街接中营街。另外还打算重修和平路、民生路的连接通道，将兴隆街、神仙洞、飞来寺、和平路经领事巷由五福宫迂回。后来，这些改造工程的其中一些部分因内战而停止。

重庆街区格局发生翻天覆地变化是在重庆解放后。1949 年 1 月，时任西南军政委员会主席的刘伯承元帅发出了“为建设人民的、生产的新重庆而奋斗”的号召。从此一个崭新的市区格局逐渐展现在市民眼前。“文革”中，大量的老街名被取缔，红卫兵们为老街另取了一些街名，结果令许多老重庆人都摸不着头脑。如将二府衙改为光明街，保节院改为三八街，九道拐改为红锋坡，黉学巷改为曙光坡，下南区马路改为兰考路，大溪沟改为跃进村，大同

齐街面暂行办法》、《整理马路经过街道规划》，对市区进行了统一的街道规划。规划整治范围是市区沿嘉陵江西起化龙桥，东至黄花园、天心桥与旧城孤老院接界；长江一侧，由鹅公岩、黄沙溪向下顺沿到燕喜洞，与南纪门接界并通佛图关及福建茶亭。是年 3 月，开始在这一区域内拆毁了一些背街小巷，修建完成了第一条城区公路。路线由通远门外七星岗经观音岩、两路口、上清寺到曾家岩，全长共 3.5 公里。1929 年 7 月，南区干道动工，由南纪门宝善寺起，上石板坡、燕喜洞、菜园坝绕王家坡到兜子背码头。全长 4.67 公里。1933 年又修建了陕西街至麦子市路段。形成东西两条主干线。再加上数条连接南北的路线，重庆城区网状街道系统基本完成。一些小街、小巷在重庆城区的地图上消失了，如滥泥湾、太平桥街、黑巷子、石灰仓、汲泉巷、长久间、韦家院、打锣巷等。

在抗战后期，重庆成为战时“陪都”，城市地位得到极大的提升。市政当局深感重庆城区街道建设影响了城市发展，主要是陆上交通系统不完善，水、陆、空三者间缺乏连接枢纽。加上两江无桥，南北两岸不能相通，导致人口

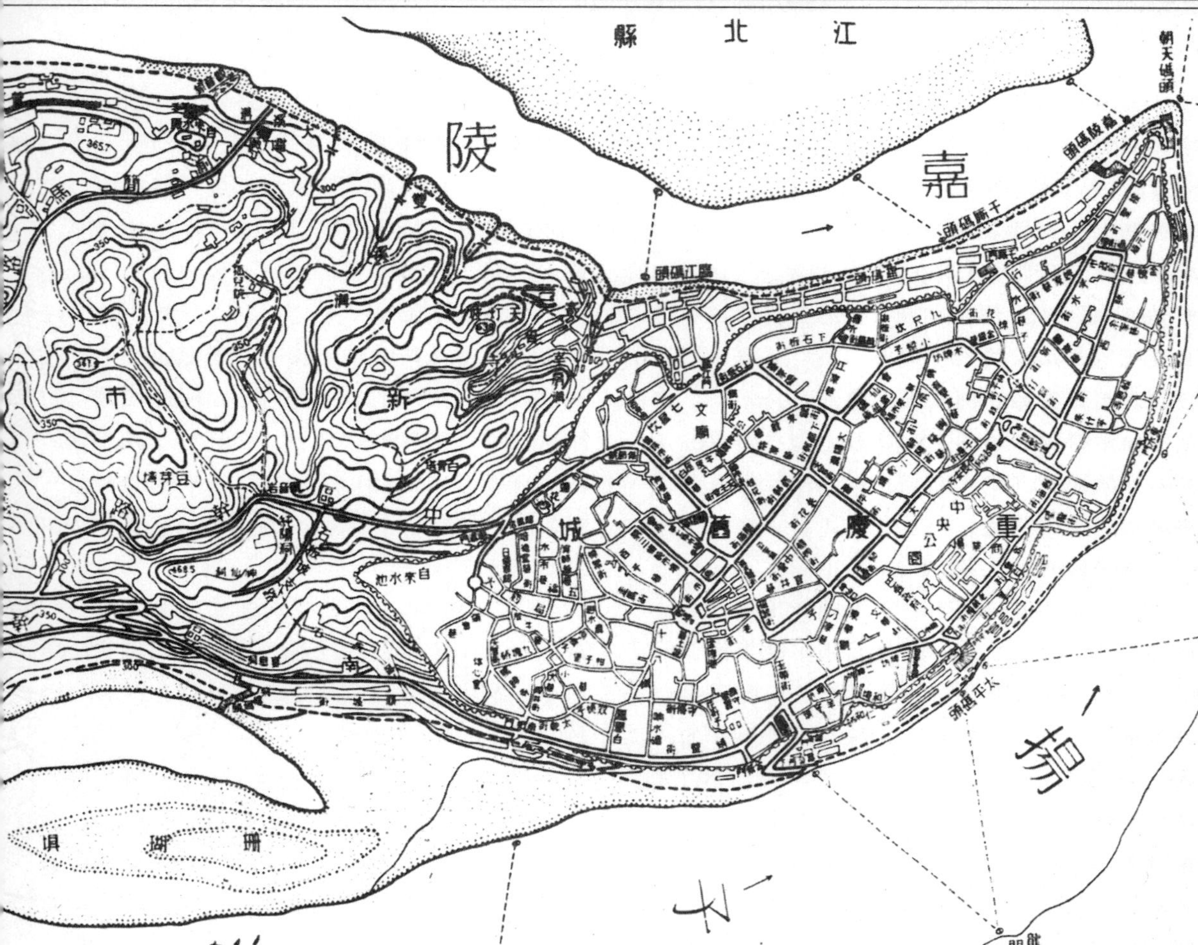

重庆旧城新区已成公路界图

路改为战斗路，中山二路改为红旗路，中山四路改为向阳路，中兴路改为长征路，王家坡改为延安村，望龙门改为灯塔街，储奇门改为大庆路，上清寺改为向阳街，南纪门改为长征路，民生路改为幸福路，张家花园改为工农兵街，临江门改为前哨街，七星岗改为大寨路，较场口改为红卫广场，朝天门改为红卫路。这些被改后的新名因缺乏生命力而很快地被人们遗忘了。

改革开放以来，特别是1997年重庆成为中国第四个直辖市后，城区变化日新月异。这不但令外地人惊叹，对重庆本地人来说，如不是经常出门，也很难避免在家门口迷路的事。从20世纪80年代中后期开始，市政道路建设，先后完成了中兴路、中华路、杨石路、枇杷山支路的拓宽改造。接着，又开始了对市中区沿江环境的治理，兴建了嘉陵江大桥至人和、双溪沟大桥至江北机场、嘉陵路至双碑、长江路至上桥、长江大桥至李家沱六条放射状道路，同时还修建了内环、外环、中环三条重要环线。20世纪末，国务院正式批准了重庆城市发展目标，将重庆定为国家级历史文化名城，力争将重庆都市圈建成经济发达，社会文明，生活富裕，环境优美，富有历史传统文化和山水城市特色的现代化城市。现在主城区面积已达600平方公里，都市圈面积划定为2500平方公里。今天的重庆号称“桥都”，从外界通向两江环抱的渝中区的道路早已变成宽敞大道。在这翻天覆地的变化中，许多老街巷、老地名消失了，而更多的新街道、新地名诞生了。历史向前发展，在飞速发展的变化中，我们不应忘记这座城市的过去以及这座城市发展所走

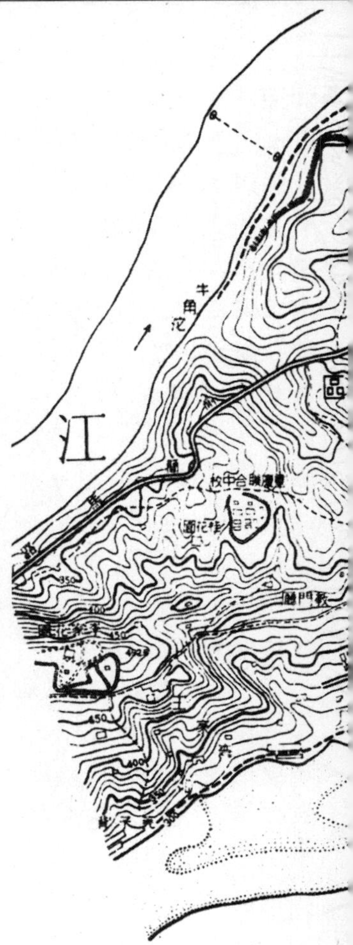

子等。若转过朝天门往上则有石门街——芭蕉园——石灰仓——打锣巷经第一模范市场与筷子街相合。从望龙门码头下船可经由复兴村——仓坝子——肖家凉亭——长安寺——正阳街到邹容路。从民生公司码头——太平门码头往上有普安堂巷——巴县衙门——道门口——谦益巷、蹇家巷等。通往上半城的老街道大多集中在储奇门码头，大致有老关庙街——储奇门街——竹架子街——花街子——洒金街——金家巷——双巷子——九道门——刁家巷——东华观等十数条大小老街。南纪门则有厚慈街——双桅子巷——柑子堡——中回水沟——宰牺院——坎井街——韩府大巷——韩府小巷——王爷石堡等相通。

这些大大小小、长短不一的老街在我们这座城市的发展进程中不仅起到了沟通上下半城交通的作用，还造就了重庆人的性格。只有读懂了这些老街老巷，才谈得上真正读懂重庆，读懂重庆人。

过的路。

让我们先从黄花园大桥开始，对一些已消失的老街巷作一个简略的回顾。目前黄花园经临江门到朝天门虽已建成漂亮的嘉陵江滨江路，而民国时期这一带却是由富成路、筵子巷、长久间、豆腐石、新河街、镇江寺街、纸盐河巷、小河顺城街、朝天背街等几条主要街道构成。若从临江门码头去上半城，大约有三条主要街巷：一是由黑巷子——太平桥——飞仙宫——莲花洞——地母亭——上安乐洞——下安乐洞——保节院——中山一路主干道；二是由丁口横街——磨子巷——罗家巷——大井巷——西来寺——韦家院坝——若瑟堂；还有就是由长久间——豆腐石——洒金坡——兴隆台相汇——临江门。如今这些老街巷早已在历次的公路扩展中被陆续拆除，目前取代它们的除了有现代化的轻轨外，还有黄花园立交桥——双钢路——捍卫路——中山一路或经下安乐洞——归元寺到七星岗，这些路干净整洁，绿树成荫，与过去不可同日而语。民国时期由朝天门通向市区的主要街道有马王庙——信义街——盐井巷——姚家巷——汲泉巷——水巷

会仙桥的昨天与今天

会仙桥曾经叫白龙池。相传蜀汉时这里有个水池，池水清澈见底，水中游鱼可数，仿佛柳宗元笔下的“小石潭”。后有文人牵强附会说池旁有一拴马桩，三国名将赵云曾在这里拴过马，故名白龙池。有野史载，早些年这里还有一座小石桥，具体地点就在今天的“会仙楼宾馆”处。桥下有条清洌的小河，此水流经嘉陵江直通长江。因有用水的便利，有人便在桥上开了一家豆腐坊，用这里的河水做出的豆腐白嫩细腻，远近闻名。所以民间有谚语云：“上三步，下三步，中间有个豆腐铺。”几步就走得过的桥应该不长，却为何以会仙桥为名？对此民间也有许多传说，有的说，曾因醉八仙在桥上喝过酒而得名；有的则传说此处发生过一个动人的年轻打鱼郎与美丽的卖花女之间的爱情故事……不过都是些民间传言，并无根据。

喧嚣的大阳沟市场

会仙桥地处解放碑闹市的中心地带。它在重庆非常有名，甚至在重庆地方史上也占有一个特殊的地位。清末至民国之际，此地有一个著名的鞋店老板况春发，在江湖上赫赫有名，是重庆袍哥会的“舵把子”，也称“舵爷”。他手下虽

历史里的大阳沟菜市场

与始建于明代，已有几百年的历史了。其住持叫遍空法师，孙卓君，一九〇三年出身于重庆一名门，在树坤女子中学毕业便潜心向佛。孙卓君最早皈依峨眉山洗象池一位老和

民生路上庆祝抗战胜利的重庆市民

有上百的弟兄，但他们从不滥杀无辜，所以江湖上人称“清水袍哥”。他表面上是鞋店老板，实际上是同盟会重庆支部成员。清末时，同盟会支部通过况春发手下的袍哥控制了部分新军，并且还利用况春发与清军炮队营教练邓昆山的私交，打进了这支较为现代化的部队。《重庆复汉记略》说：“（春发）既密说之，昆山私缴炮针机柄，阴效命于培爵也。”培爵就是首任蜀军都督张培爵，沧白路上的张培爵纪念碑至今犹在。当年同盟会员夏之时率新军直抵鹅岭佛图关，兵临城下，意在攻打清军重兵镇守的这座西南重镇，清朝的大小官员闻之无不惊惶失措，抵抗之心全无，争相与同盟会取得联系，以图保命。同盟会重庆支部便很好地利用了这次机会，选定日子在朝天观举行集会，并喝令川东道、府、三台悉数到会，交出军政大权。当年的况春发正值英年，只见他短衣褐衫，精明强悍，腰间还别有一支用红布包裹的“电枪”，众人齐称“好一个草莽英雄”。交权时，凡官员稍有迟疑者，一见这位英雄的气势，便立刻打消了所有的念头。事后查明这把电枪不过是一支从日本进口的玩具枪而已。清政府在重庆的统治就这样兵不血刃地结束了，无怪后人称这是一场“田园诗”般的革命。然而善良的人们也不要高兴得太早，中外历史证明，凡不流血的革命，其实是不可能彻底的，辛亥革命最终也没有取得彻底的成功，这就是证明。如今仍然行走在

20 世纪 30 年代的民族路

这条街上的人们还能记得这位有如此传奇经历的先辈吗？

不过抗战时期的人们倒是对会仙桥街上的一家“心心咖啡厅”印象深刻。且不说达官贵人常在这里玩乐，更有孔二小姐在这里当众打过市警察局长的耳光。声名远扬，名噪一时。为“陪都”各报提供了不可多得的新闻题材。此处过去景色优美，现在繁华依旧。许多美丽的“重庆mm”常在这里构成一道靓丽的风景线。20 世纪 80 年代重庆市政府在这一带移栽了几棵参天黄葛树，树下置凳若干，为游人提供了休息的场所。当女人们进商场为男人选购服装时，男人们就坐在这里打望女人的服装。

挥诨嵯汕沤稚系摹靶男目 X 忍

消融于战火中的旧路

辛亥革命前重要的商业街——四方街

中兴路小巷

抗战时期位于小什字的建国银行

抗战时期新发展起来的都邮街商业区

…与始建于明代，已有几百年的历史了。其住持叫遍空法师，
孙卓君，一九〇三年出身于重庆一名门，在树坤女子中学毕
她便潜心向佛。孙卓君最早皈依峨眉山洗象池一位老和
居…

20世纪60年代的解放碑，大街空旷，人少、车也少

抗战中期，以小什字为中心的一大片地带，是重庆最繁华的商业区

老街道上的老巴士

从蹇家桥到五四路

现在的蹇家桥类似的旧房子已经不多见了

市民涌上街头庆祝抗战胜利

明洪武十八年，明太祖朱元璋钦点重庆巴县人蹇义为大明进士，他在明朝当了足足50年的高官，人称蹇天官。他曾历任大夫、少师、太保兼吏部尚书（天官），为六朝皇帝（明太祖至明英宗）依仗之重臣。永乐七年（1409年），明成祖赐蹇义之父蹇源斌为寿父，其继母为一品夫人，皇家隆恩可见一斑。蹇义之后又有蹇贤、蹇皋、蹇超等先后历任永乐、弘治、嘉靖至崇祯等各朝官职。纵观明史，整个蹇氏家族似乎没有什么可以记入历史的政绩，但却在重庆城内

大轰炸后在废虚上重建的沧白路

扁担挑出民生路

留下了不少蹇氏家族的坊表、住宅、庙宇等建筑。如蹇家巷、蹇家桥等。2005年在重庆渝北区还发现了蹇氏后人蹇荃的坟墓。今天的重庆五四路，以前就叫蹇家桥。1939年重庆“五三”、“五四”大轰炸期间，街道被大火焚毁，蹇家桥所有的房屋都毁于一旦。1945年抗战胜利后，“国民政府”重新修建了这条街道。并命名为“五四”路，以为纪念。

督邮街与都邮街

中国城市的布局向来讲究走中轴线，但大都模仿北京皇城的设计。一般来说，一切商业活动和政务活动大都围绕这条中轴线进行。但这个原则在重庆就有点行不通，因这座半岛不比平原，形状不规矩。后来修了“精神堡垒”，于是城市发展似乎有了坐标，从此中心城区的功能就有了发展的空间。并形成了东北方的民族路，西北至东南方的邹容路，西南方的民权路。民权路旧时曾被

解放前的重庆都邮街

称为督邮街。督邮为秦汉时期官名，史载此官主要代太守督察县乡，宣达教令。兼司狱讼捕亡之事。顾名思义，督邮街自然是督邮官邸所在的那条街。

咸丰二年，有一个重庆綦江人叫陈鸿义，首次以“麻乡约”为招牌，在云南昆明设立了信轿行。专营客运、货运及送信业务。成为民间书信来往的主要渠道，并在重庆市内设立了“办事处”。那时人们开始将督邮街叫成都邮街了。直到国民政府迁都重庆，将邮政电报总局也设在此，都邮街也正式得名。现在重庆最有名，功能最全的解放碑邮局仍矗立在那儿。成为大家“都邮”的地方。

早先精神堡垒却是用木头做的

民权路（都邮街）全貌

夫子池与重庆府文庙

老重庆的地名中，很有一些是以“池”为名。如“白龙池”、“莲花池”、“夫子池”等。其中最有名的应首推“夫子池”。历史上曾有记载，夫子池不大，大概也就两三亩地面积。池内种有荷花，岸边依依垂柳，郁郁老树，或有三两游人，真是风景如画。后来，重庆外来人口剧增，渐渐池中的水臭了，鱼死了，树枯了。然后人们就干脆将这个水池填平了。这里原来还有个泮池，是善男信女放生的地方。后来的某一天，忽闻大同路的公共厕所内有许多乌龟爬出，一时传为奇闻。大概当时泮池内的这些生灵，填池后不得不转入地下另寻缝隙生存，并很好地存活下来，其顽强的生命力令人惊叹。

20 世纪 50 年代，这里建起了“大众游艺园”。其大众游艺的性质类似北京的天桥，里面有卖麻糖的、变魔术的、演木偶剧的等等。三教九流在这里汇集，世相百态在这里呈现。现在这里建起了一座目前重庆最高的建筑——国贸中心

大厦。它生动地见证了重庆现代化的发展轨迹。

夫子池旁有重庆府文庙。清宣统年间，重庆府文庙完成了一次大修，修好后文庙的整个建筑群包括了明伦堂、尊经阁、奎星阁、苍圣阁、礼器库、学署等。其中主要建筑大成殿内供有孔子木雕像，大成殿后有崇圣寺，祀孔子之父叔梁纥。1935 年巴县教育局在庙内设巴县县立模范小学。这些建筑后来都毁于日机轰炸。解放后，在文庙原址上建起重庆第 29 中学校，文庙原址建学校，应是传承有序。解放后不久，有关单位为拓宽临江横街至临江门的马路，将唯一残存的奎星阁拆除，解决了当时的交通拥堵。

20 世纪 50 年代的大众游艺园

20 世纪 50 年代拓宽后的民生路

过去的大众游艺园原址现已改建为迪康百货店面

与始建于明代，已有几百年的历史了。其住持叫遍空法师，
孙卓君，一九〇三年出身于重庆一名门，在树坤女子中学毕
后，她便潜心向佛。孙卓君最早皈依峨眉山洗象池一位老和

最后的奎星阁

道路拓宽，奎星阁即将消失

解放前的凯旋路

重庆市第一个五年计划中修建的重庆宾馆

20世纪50年代拓宽的民生路

来龙巷轶事

来龙巷与柴家巷交界处有一个榜眼坊遗址。榜眼坊的主人叫刘春，巴县柳市人。明成化年间中乡试头名，进京廷试时又名列第二，仅次于状元，人称榜眼。此事对当时的巴县（重庆）来说也是一件大事。所以人们就修了这座榜眼牌坊。上面雕龙刻凤，极具气势。解放后人们翻修房屋时，还曾发现牌坊柱础残存。仿佛沾此灵气，一条极普通的小巷便曾引来许多名人在此居住，如红岩村大有农场主人饶国华及饶国模、范绍增（范傻儿）、梅派传人川剧名旦胡漱芳等。

抗战期间，来龙巷曾出了一个武林高手，叫郑曼青。与当时的武林中人况春发、熊延忠等不同，此人在来龙巷深居简出，以行医为业，为人低调、不事张扬。不过他周围的人却知道他医、拳、棋俱佳。江湖上人称“郑三绝”。1941 年秋天，重庆的几家报纸刊登出一则启事，有号称“飞天蜈蚣”的江苏人吴孟侠想与重庆武林高手过招，以武会友。不知何故，重庆武林中竟无人应战，于是郑曼青便找到吴孟侠并约定比武时日。是日，人们围观如堵，二人登台示

临江门的居民依山而居

意。但见“飞天蜈蚣”吴孟侠身高一米八左右，长得膀阔腰圆，而郑曼青却比他矮了半头，整个人显得比较精悍、灵活。说时迟，那时快，“飞天蜈蚣”突然急进马步，一记势大力沉的钩拳袭来，而郑却挤手午步，巧妙躲开。吴大侠立马变招，以太极云手压住郑的挤手，一脚“魁星点斗”踢向郑腹部。但见郑曼青轻移莲步，在移步换形中一记“流星飞拳”击中吴的右眼。吴猝不及防，顿时倒在台上。武林中人讲究点到即止，双方随即抱拳休战。再看此时的郑曼青，面向观众及对手一揖到底，然后跳上自己的私人包车疾驰而去。第二天依然在来龙巷坐堂行医如故。人们后来才知道，原来郑曼青曾在湖南国术馆任副馆长，他的同门师兄就是在重庆名震一时的武林高手，国民党中央训练团的上校武术教官万籁声。听说郑曼青后来到了台湾，现在恐怕早已作古了。

解放后，在电风扇、空调尚未进入千家万户的年代，每逢夏季，黄昏的太阳依然火辣，小巷里的人们便将自家的凉席、凉板拿出来，用水泼了纳凉，一到天黑，老年人便聚集在一边说古论今，叶子烟杆在星光下一闪一闪，如翻飞的流萤。年轻人则在一旁呜嘘呐喊，下棋打牌至半夜。有脾气不好的人出来大吵一通，这帮人一副可怜样，灰溜溜散去。明日照样来闹，又照样被骂，大家都乐此不疲。这样的情况现在当然看不到了，以后大概也不会有了。

现在的来龙巷里打金银首饰的多，卖火锅、小面的多。巷口有一家牛肉面馆，吃饭时人和碗都挤在凳子上，盖因食客甚多，门面太小，解放碑门面租金昂贵

民族路旧影

车来人往的新生路

之故。小巷中，喧闹嘈杂，人声鼎沸；牛肉面辣椒太少，羊杂汤膻味太浓……绿菜白粉，红汤素碗，麻辣酸甜，百味杂陈。周围还不时游走着一些卖银耳汤的小贩，小小的一碗银耳汤就能让你在夏季得到片刻清凉，冬季倍感通体温暖。

八一巷的总土地

渝中区好吃街附近有一个不起眼的小巷，不长。它有一个市民化的名字，叫“勤劳巷”。但历史上它却有点名气，盖因唐宋八大家之一的韩愈曾在这里当过“总土地”官。

清早期，这里有一座较大的土地庙，与其他土地庙不同的是，它里面供奉了数十对土地公婆。为什么有这么多土地神在这里集中呢？这就不能不提到韩愈。唐元和十四年，韩愈因谏迎佛骨事，得罪当朝，被贬潮州。贬谪途中，好客的重庆人偏要让他在重庆“刹一脚”。缘由就是他那首著名的诗句“一封朝奏九重天，夕贬潮州路八千。本为圣朝除弊政，敢将衰朽惜残年？云横秦岭家何在，雪拥兰关马不前！知你远来应有意，好收吾骨瘴江边”感动了重庆人。韩愈本不愿到潮州去，不过君命难违罢了。好在他的侄儿，也就是八仙之一的韩湘子，知道他的心事，便向玉帝讨来一纸任命，“实授韩愈为天下总土地，

八一路勤劳巷内的老房子

悠悠的小巷，匆匆的岁月

在江州（重庆）开府治市，天下各土地均受其节制管理”。就这样韩愈到了重庆的这座总土地庙。且说他上任后，深感天下土地官员中庸官甚多，便将所有官员重新考核，不称职的一律集中到重庆总土地庙学习，这就是这座土地庙供奉了众多土地神的来历。这些都是老人们从他们爷爷的爷爷的爷爷口中听来的，信不信由你。

丰子恺与重庆能仁寺

解放碑有一条繁华的中华路，过去属杨柳街的一段。这条街上有一座小巧的能仁寺。这是重庆一座有名的比丘尼寺院，里面的素席做得特别好，尤以豆腐为最。引得重庆的一些白领常到里面去吃斋饭。能仁寺始建于明代，已有几百年的历史了。其住持叫遍空法师，俗名孙卓君，1903 年出身于重庆一名门，在树坤女子中学毕业后，她便潜心向佛。孙卓君皈依佛门时拜在峨眉山洗象池一位老和尚门下当徒弟，后来在南岸弹子石大佛寺办的华岩佛学院学佛，1935 年后到南京、上海参学，后又在杭州珍珠庵出家。1949 年重庆解放后，遍空大师以能仁寺为基地，负责领导比丘尼对能仁寺的开发：她把老弱者组织起来生产花生豆腐，很快打开了销路。她带领大家一边劳作，一边修持。遍空法师组织的生产自救时间长达 30 年之久，其威望渐高。这位受人尊敬的慈祥老者，于 2006 年圆寂。抗战期间，著名漫画家丰子恺先生来到重庆，在沙坪坝庙湾村自建了几间“抗战式”捆绑房，过起了绘画作文的生活。因他和遍空法师相识，进城时，便常居住在能仁寺。同时，还特地为能仁寺画了一张观音大士像。在重庆期间，丰子恺还撰写出版了《艺术人生》、《国画常识》、《音乐初段》等著作。重庆“五三”、“五四”大轰炸时，丰子恺先生看到山城人民争相奔

民生路

向防空洞躲避空袭的拥挤场面，遂创作完成了一幅题为《紧急》的漫画：画中敌机已飞临上空，爸爸牵着小女儿在奔跑，小女儿太小，步子显然跟不上，而妈妈也背着弟弟拖泥带水地跟在后面，连小鸟也吓得飞进树林躲藏起来。1945 年当日寇投降的消息传到重庆，举城狂欢。亲眼目睹盛况的丰子恺欣喜之余还专门填就一阕《贺新郎》词，以示纪念：

七载飘零久。喜中秋巴山里，全家聚首。去日孩童皆长大，添得娇儿一口。都会奉觞进酒。今夜月明人尽望，但团圆骨肉几家有？天于我，相当厚。故国焦土蹂躏后，幸联军痛饮黄龙，快到时候。来日盟军千万架，扫荡中原暴寇。便还我河山依旧。漫卷诗书归去也，问群儿恋此山城否？言未毕，齐点首。

杨柳街上的能仁寺

如今这里已是旧貌换新颜，不知道杨柳街上的能仁寺是否还记得有过这么一位才华横溢的先生曾经与你们相知、相伴。

能仁寺始建于明代。已有几百年的历史了。其住持叫遍空法
俗名"孙卓君"一九〇三年出身于重庆一名门，在树坤女子中
业后她便潜心向佛。孙卓君最早皈依峨眉山洗象池一位老和

重庆的"张小泉剪刀"

老一点的重庆人都固执地认为，买剪刀最好去民族路上的张小泉剪刀店。以目前的社会竞争状况而论，那里的剪刀品种并不比其他地方多，质量也未必一定上乘。但大家还是愿意走进这家商店，这缘于人们心中总有一股说不清、道不明的老店情结。

解放碑繁华的旧街道

在重庆中国三峡博物馆的展厅内，陈列着一把巨大的剪刀，它曾经是重庆张小泉剪刀店的招牌。杭州张小

抗战时期的青年路

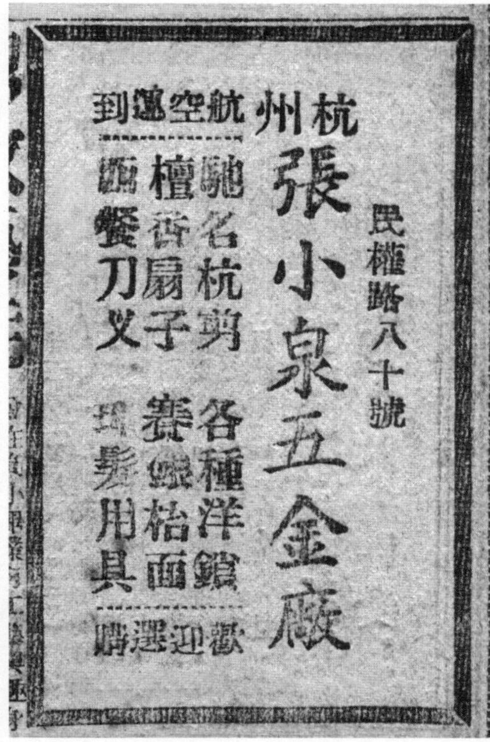

张小泉五金厂的广告

泉五金厂近年曾有介绍，他们制作的“剪刀王”长115厘米，而这把剪刀却长145厘米，比它整整多了30厘米。

张小泉的祖上本是安徽人，清兵入关时逃难到杭州，后开设了“张大隆”剪刀作坊，悉心研究铸造技艺。在打制剪刀中运用了“嵌钢”（又叫镶钢）工艺，制成的剪刀比传统的铁剪更加锋利耐用。1915年“张小泉记剪刀”在巴拿马的“万国博览会”上获奖，从此这把小小的剪刀便开始远销东南亚及欧美。后人有诗赞曰：“裁剪江山成锦绣，杭州何止如并州。”那么这把剪刀又是怎样来到重庆的呢？现在让我们把时光倒回到1937年国难当头的岁月。淞沪抗战后，日本帝国主义大举侵略中国，在短时间里便令华东告急。上海及江浙等地的爱国工商业者们为了保住中国民族工业这点有限的资源，便商定由国民政府资源委员会林继庸等出面动员上海、江浙一带的工商界人士将自己的工厂和资本迁至四川和重庆等地。张小泉剪刀也积极响应，并与颜耀秋、胡厥文等一道毅然将各自的厂房、设备全数迁往内地，于是重庆城便有了这家张小泉剪刀店。在重庆站稳脚跟后，他们又考虑到，他们在内地的知名度不高，于是专门制作了这把大剪刀悬挂在门外，一来是为最大限度地获得直观的宣传效果；二来也可以展现自己的制作实力，真是一举两得。

解放后，在共和国的第一个五年计划期间，重庆和全国一样，掀起了公私合营的高潮。在这场史无前例的运动中，张小泉剪刀店也同其他私营工商业主一样，兴高采烈地参加了轰轰烈烈的对私有制的改造运动。用他们自己的话说：我们现在也是半个公家人了。当“公私合营张小泉剪刀店”挂牌的那天，职工们对这把大剪刀依依不舍，并对它的处理提出了各种各样的建议，最后大家决定将它送给中国三峡博物馆的前身“西南博物院”永久保存。于是，今天的三峡博物馆就有了这件藏品。

当年的剪刀铺实物招幌

现在，老街上的剪刀店早已是另一番景象，小什字街上的张小泉剪刀店依然存在。不过只剩下半间门面，剪刀依然是那把剪刀，人却已不是那些人。老板只是一位经销“张小泉”牌剪刀的经销商而已。但我们仍然庆幸 20 世纪 50 年代的人们能做出如此正确的抉择，使我们后人能凭借这把老剪刀记起那些依稀的往事，将过去、现在和未来串在一起，打通我们的血脉，延伸我们的根。

这一条邹容路

在重庆，如果说新生路，知道的人不多，但一说邹容路，可以说尽人皆知。邹容路的其中一段从新华路一直延伸至临江门。民国时这里一直是重庆的繁华大街，它包括了三王庙、苍坪街、柴家巷、夫子池五条人口稠密、商铺林立的小街。1939 年在重庆“五三”、“五四”大轰炸中被日机炸成一片废墟。1943 年，重庆市政当局拆除了这几条老街，修成一条通衢大道，并以辛亥革命时名震全国的资产阶级革命家、“革命军中马前卒”邹容的名字命名。

1885 年邹容出身在重庆一大户人家，少年时受维新思想影响，摈弃封建“旧学”，向往“新学”。1901 年留学日本，两年后回国，17 岁时便在上海完成了中国近代史上第一次资产阶级革命的扛鼎之作《革命军》。此书的出版在意识形态上极大地动摇了清政府的封建专制统治。特别是书中提出的“牺牲个人以利天下，牺牲贵族以利平民，使人人享其平等自由之幸福”等语更是为中国刚兴起的民族资产阶级所普遍接受。发行也一版再版，很快突破了百万册，居清末革命书刊发行量之首。正如鲁迅先生指出的那样，“便是悲壮淋漓的诗文，也

1950年，“抗战胜利纪功碑”更名为“人民解放纪念碑”

不过是纸片上的东西，于后来武昌起义怕没什么关系。倘说影响，则别的千言万语，大概都抵不过浅近直截的革命军马前卒邹容的《革命军》。”1962年周总理特别指示由中华书局重印《革命军》，专供广大干部群众阅读。邹容是国共两党公认的民主革命的先驱，也是重庆人民的好儿子。

现在的重庆邹容路已是渝中区最繁华的商业街区了，南来北往的人们记住了这条路，也同时记住了这位不屈的重庆崽儿。

20世纪50年代的邹容路

20 世纪 50 年代的邹容路

解放后开始拓宽邹容路

20世纪50年代的邹容路

大梁子上的大剧院

大梁子是重庆一条有名的老街。在这条街的尽头，抗战期间曾有一个“大梁子戏场”，位于今天的人民剧场。民国时期这里曾经是“国立实验剧院管弦乐团”的团部所在地，因而它又被称为“中国交响乐团的摇篮”。在艰苦的抗战岁月中，这个乐团的全体成员，曾多次在这里举行过世界名曲演奏会，为山城市民送来难得的精神食粮。乐团成员多数曾留学欧美，所以他们的音乐素养极高。这天排练时，团长郑志声将一个腼腆的青年带上指挥席。当开始排练贝多芬的《第五交响曲》时，乐员们惊奇地发现这位青年指挥家居然可以不看曲谱而直接指挥。在以后的交往中，大家不禁被他谦和的性格和渊博的学识所折服。后来人们才知道，这位青年便是大名鼎鼎的冼星海。

1933 年，作为特殊的票友，中国当时几个有名的电影明星还在这里唱了两天京戏，轰动一时。他们中有主演过《夜明珠》、《情奴》、《九死一生》等影片的吴素馨，也有汉伦影片公司的女老板，解放后在《武训传》中扮演慈禧的王汉伦。作为中国无声电影时代的影星，为了抗战胜利，他们自发地组织了这次义演。具体演出剧目有深受群众喜爱的《游龙戏凤》、《四郎探母》等。不过在他们中间，既能演电影又能京腔京韵地唱上几句的人首推周伯勋。这位曾在《风云儿女》、《塞上风云》、《上海二十四小时》中出演过重要角色的老先生是位高度近视，虽然他曾在《一江春水向东流》饰演交际花的干爹，与名演员陶金的对手戏也演

民国时期小什字街景

和平电影院的前身——国泰大戏院

解放初期的和平电影院。抗战时这里曾经是著名的国泰大戏院，轰动山城的话剧《屈原》首演之处

得十分到位，但由于这次是在舞台演出，必需摘下眼镜、戴上“行头”。如此一来，他只好面对雾蒙蒙的一片，根本无法在台上走路。大家只好找把椅子让他坐下，只出声音不出人。一出《鱼藏剑》的战国戏也只能从头唱到尾，“列国纷纷干戈动……”，直到被人“杀死”。虽不抛头露面，但也过足了戏瘾。很多年后，有相识者还常拿此事与他打趣。当然，市民喜欢的川剧也不能少，最受欢迎的要数川剧名丑东方髡，他用重庆方言将《花子骂相》中的词改成有关抗日内容的唱段，更是唤起了大家的共鸣：“说日白，就日白，日个白来了不得。时而走东京，时而走美国，小小贼倭寇，妄想吞中国。占我好河山，人民在流血，奸淫烧杀掳，天天搞恐吓（音‘黑’），中华四万万，齐心了不得。一致来抗战，赶走强盗出中国，出中国”。

原中央公园改造后的人民公园

现在这里是重庆城有名的电子一条街，无论白天晚上，这里都是人头攒动，热闹程度不减当年。只是那曾经辉煌的剧场早已是人去楼空。“人民剧场”只剩下一个破烂锈蚀的牌子，挤在众多的商店中，谁也不会注意它的存在。宴席早已结束，生活还在继续，长长的街道现在仍在演绎着长长的故事……

七星岗地区的街巷

兴隆街今昔

明末清初重庆城通远门外的景象与今天我们看到的大相径庭。那里曾经是一片坟墓，人迹罕至，属荒郊野外。只有当重庆城赶场时才有一些小商贩从渝西各地走来，可通远门又是早开晚闭，客商们只好就近找地方打尖。不知不觉这条街的人渐渐多了起来。其实不管是谁只要常住在这里，久而久之便将这生土变成了熟地，然后埋祖坟、立宗庙、子孙磕头，“反认他乡是故乡”。兴隆街于是更加兴隆。以前的兴隆街附近还有纯阳洞、神仙洞、飞来寺几座庙宇，有和尚，有香客。枇杷山上还有一巨石，上仆一大锅，人称“盐锅骑石”，这些东西现在早已看不到了。由于地方局促，人的生存空间不大，因而这里的人多为生计苦恼，现在这里仍然是小商贩做小生意的风水宝地。特别是一到晚上，更是十分拥挤、热闹。人们在灯光阑珊下伴着家禽特有的味道津津有味地打麻将、斗地主，大呼小叫，好一幅“市井图”。

50年前的渝中区七星岗

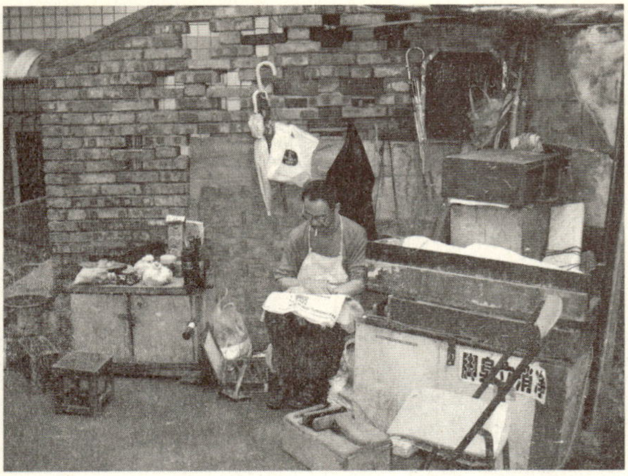

你坐在这里，平凡而执著

生活原本就是这样简单

兴隆街小巷之二

柴米油盐酱醋茶，更甚堂前弄梅花

七星岗下保节院

勤劳巷的居民

能仁寺始建于明代，已有几百年的历史了。其住持叫遍空法
俗名孙卓君，一九〇三年出身于重庆一名门，在树坤女子中
业后，她便潜心向佛。孙卓君最早皈依峨眉山洗象池一位老和

黄家垭口前巷

黄家垭口后巷

普通的人与普通的生活

何处寻得“星临轩”

“星临轩”就在七星岗隧道附近的山坡上，曾是一家颇负盛名的清真小食店。主要的经营品种自然是牛肉，有五香牛肉、油炸牛肉、清炖牛肉、红烧牛排、卤牛肉、牛肉包……味道奇美。小店的主人叫马星临，以前是一个报贩，后来用自己的积蓄开了这家食店。因长期和报社打交道，与新闻界有那么一点瓜葛。所以他开店后，不少新闻与文化界的人士便成了这里的常客。加上国民党的“三厅”就在附近。因此郭沫若先生也常带着朋友来此小酌，其中有夏衍、白扬、赵丹等。一天郭老与卢子英等又来到小店，与马老板热聊一阵之后，乘兴写下一首小诗相赠：“如享太牢，如登春台，此庐虽小，其味隽永。”另又专为小店题名“星临轩”。与老板姓名关合。听说后来毛泽东到重庆开政协会时，也曾光临过“星临轩”。按说，一个小店能在历史上弄出这点名气是十分不容易的，理应有人继续将光荣传统保持发扬下去，成为山城特色。

宾朋满堂的“星临轩”

然而在解放后的历次运动中，马星临的日子都不大好过。他的“星临轩”一直惨淡经营，不死不活。到文革前，已如一个病入膏肓的病人了。有人形容当时的情况是一间普通的僻静小巷，生意清淡的

日渐残旧的枇杷山后街

七星岗保节院

小食店，门面略显圮斜，进门后龇牙漏缝，踏重一点就会吱吱作响的楼板，门上依然没有招牌。郭老当年手书的“星临轩”三字嵌在玻璃框中挂在墙上，顾客极少，经营的品种也少了许多。不过冷酒、卤牛肉、牛肉面而已。主人没精打采与客人谈起当年郭沫若进店吃酒的往事。

现在，这里早已建起幢幢高楼，过去的“星临轩”痕迹早已在城市现代化进程中被抹得一干二净。没有片砖只瓦，没有照片，所有的痕迹都被岁月抹得一干二净。但在城市的喧嚣中，我们也许不应忘记这个普通而平常的重庆人。

马蹄街与金马寺的传说

这条小巷叫马蹄街，比邻有一座小学叫金马寺小学。关于金马寺的得名目前已不可考证。据民间传说，这里曾有一个大石洞，洞中立有一不知是何人雕刻的石马。很早以前有一和尚云游到此，因洞中无人，便在此住宿。一天，他外出化斋回来，发现通往南纪门的石板路上有许多马蹄印，四处寻找却找不到马儿踪影，心中十分疑惑。晚上梦见一金马突然从洞中奔出，惊醒后发现原来洞中的石马杳然不知所终。此事传出后，许多好事者前来烧香拜佛。一时间热闹异常。后来干脆修了一座寺庙，取名就叫金马寺。又有文人提议修了一座小学，叫金马寺小学，属庙产。顺坡下南纪门传说曾印有马蹄印的路

连接上下城区的马蹄街

历史与现实的交融

重庆老街，爬坡上坎

解放后成立的街道卫生检查团都是由那些认真、执著的大妈组成

便被称为了马蹄街，这便是街名的来历。

20 世纪 80 年代初，金马寺里廊柱仍然完好。后被拆除，原址上修起了一幢住宅楼。以前的老金马寺小学也并入附近的放牛巷小学了。

今天的马蹄街

住在老街上的人

近年来，城市拆迁的规模越来越大，不少人都搬进了新居。虽然有一些老街在大规模的拆迁中“幸存”了下来，但住在里面的人多已换成了进城打工者。他们在城市的大街小巷中游走，那里可以是他们的家，但却不是他们永远的家。

有这样一位来自合川的打工者，刚进城时，男的在街上卖报，后来学了一门配钥匙的手艺。便在马路边摆了一个小摊，后来又将他媳妇接来当下手。两口子在一起虽然穷一点，但他们过得非常恩爱。修锁配钥匙的技术含量本来不高，难得的是他却将这件事做得十分细致。大多数锁匠在配钥匙时，都是随便拿出一个脏兮兮的盒子，里面有乱七八糟的钥匙坯子，然后一通乱翻。而他却不，他的钥匙坯子大小排列得井然有序，并且都擦拭得非常干净。他最不能容忍的是他亲手配制的钥匙你拿去不能用，若有这种事发生，他不但将免费再为你重配一把，还会将你先付的钱退还给你。所以大家都愿意将钥匙交给他配。他姓令，这种姓极少，我一直觉得他应该复姓令狐。他有两个孩子，都是男孩，大的约十五六岁，在打工子弟校小学毕业后未能考上中学，听说后来被送到朝

“大伞”也遮不住的繁荣

街边的游民也是老街上的“居民”

天门某店学习修理钟表。小的尚在读小学。老令告诉我说，他自己虽然文化不高，但他却极愿看到后代读书有出息，小儿子若能读下去，他即便把老家的房子卖了也乐意。

老巷子里的人家

老令还有个朋友，矮矮的，没有什么技术，以当“棒棒”为生。他姓刘，大家就叫他“小刘”。平常喜欢站在老令的摊位上吹牛。一次他吹得正上劲，有人找他去做事，谁知他手一摆，“等我把这事说完再去”。他做事周到，吃苦耐劳，人缘也不错，所以大家有事还是爱找他。他把挣的钱都存起来，一个子儿都不乱花。他最大的愿望便是存够一笔钱，早日回家娶媳妇。一天，大家发现似乎很久没有看

20世纪50年代上清寺全貌

闲适的老街生活

喧嚣的老市场

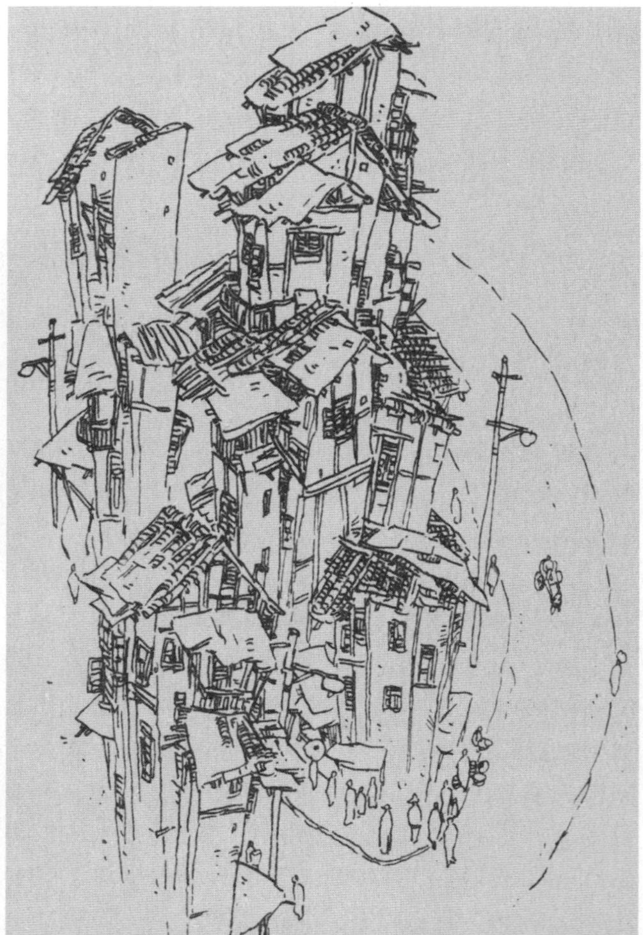

老山城的吊脚楼

能仁寺始建于明代，已有几百年的历史了。其住持叫遍空法师，
俗名孙卓君，一九〇三年出身于重庆一名门，在树坤女子中
业后她便潜心向佛。孙卓君最早皈依峨眉山洗象池一位老和

重庆石板坡二里

热闹的旧货市场

见小刘了，谁也不知道他到哪里去了。后来还是老令悄悄说出了他的下落，原来为了尽快凑够结婚所需的费用，他早已到外地加入了传销网络，听说他把这几年辛苦积攒下来的几千块钱全部投了进去。结果如何，谁也不知道。

最近听说这条老街又要拆除了，老令他们又要开始新的漂泊。

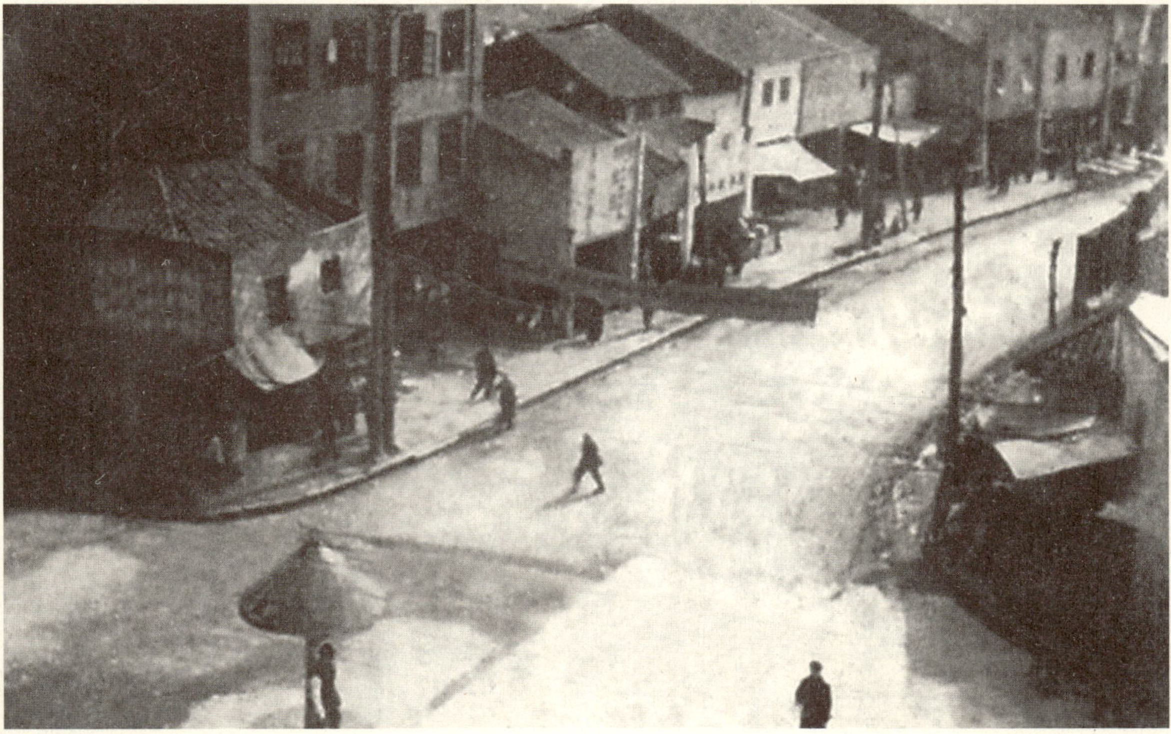

解放前的上清寺

拥挤的街道

嘲杂的市集

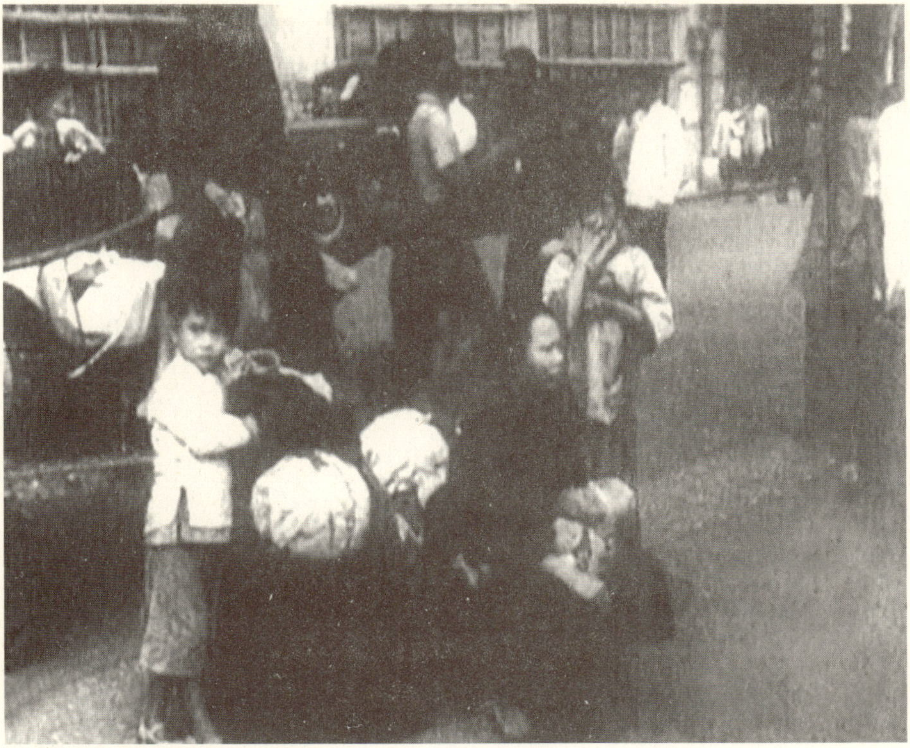

抗战时期流离失所的游民

人来人往的老街

两路口的场——不赶（敢）

清中至清末时，渝中区两路口地区，距南区公园百米处有一个乡场，只有石板路、黄土地。场口竖一大石碑，上书“赢得猫儿卖了牛，两扇磨子一起坏”。意思是说逢事切不可赌气，小事更不可轻易付之诉讼，否则容易两败俱伤。据说此场建成时，照例要由地方官巡视一通后方可决定开场日期。那天一官员到场后，发现迎接他的人群中有几位是他的长辈，都在躬身施礼，忙下轿拱手还礼，口中还念叨“不敢！不敢！”于是周围的人以为老爷说此场“不赶”。后来此话演绎成一句有名的歇后语“两路口的场——不赶”。

建成后的山城宽银幕电影院

古老的传说并不影响两路口的现代化进程。1930年，由重庆绅商刘沛膏、赵资生、李觐枫创办的“烛川电灯公司”便首先在上清寺至两路口一带点亮了现代化的标志——“电灯”，大大促进了重庆工商业的发展。20世纪50年代两路口地

1959年开始修建山城宽银幕电影院

50年前的两路口

区修建了两处著名的文化设施，拿比较时髦的话来说就是名噪一时的文化景观。一是西南首屈一指的大田湾体育场，二是山城电影院。这些都是老重庆曾引以为自豪的文化景观。文化景观概念本是美国人索尔提出的。他将地面上所看到的一切人文设施都纳入文化景观范畴。我们平常看惯了城市平面图，那些大致相近的街道房屋并不能告诉我们甲、乙两城市各有什么不同，不过有一天当我们上看、下看、左看、右看，才猛然发现这座城市已渐渐地失去了自己独特的“个性”。高楼大厦，灯红酒绿，模样不分彼此。

人们普遍对文化景观有强烈的认同感，盖因大地早已是人化了的大地。“登山则情满于山，观海则意溢于海。”如白帝城、大宁河、大足石刻、人民大礼堂等，每一处地方都记录了重庆人的理想和情思。令中外来客惊叹山城的巨变，也令远方的游子时时魂牵梦萦。

抗战时期的上清寺

20 世纪 50 年代的两路口

20 世纪 50 年代人们在填平斜坡修建北区路

20 世纪 60 年代的重庆文化宫

50 年前的上清寺

两杨公路上的交通岗

抗战时期的两路口

20 世纪 60 年代的大田湾体育馆

两杨公路与七孔桥

正在修建的牛角沱汽车站

1952 年修筑北区主干道之一

1952 年修筑北区主干道之二

1957年的大（坪）杨（家坪）路

20世纪50年代的两路口大街

山上有座飞来寺

有首大家非常熟悉的儿歌“从前有座山，山上有个庙，庙里有个老和尚”。重庆城也有这样一座山，这样一个庙，山就是枇杷山，不过庙里住的不是和尚，而是道士，因而准确的叫法应叫“观”。重庆的道观不少，老百姓常去的无非南岸老君洞、真武山。另外还有一处鲜为人知的土湾龙泉洞道观。前些年巴南区农民曹大来在自家厨房内挖出互不相关的 20 尊无头石像和 12 个石头像。据有关专家考证，这些石像为清朝时某道观所供奉的石像。在中国人中间流行的宗教主要是佛、道、儒三家。佛教普度众生、道教更在意个人修行。这座飞来寺传说是由太极真人张三丰的弟子们修建的。张三丰在历史上是一个有名的人：史载，张三丰生于南宋，辽东人，名全一，又名君宝，三丰为其号也。他是吕洞宾后自炼成仙第一人。他自创的太极拳和武当内家拳至今为后人所推崇，明清时有《张三丰全集》问世，中间有许多史料对研究宗教的起源有极其重大的意义，现佚。张三丰于明永乐年间到成都与蜀献王朱椿相交。后来到重庆，先在南坪结庐而居，留下三丰庙遗址。飞来寺的建成情况目前知之甚少。只知道

1936 年的神仙洞

两路口旧貌

古老的石梯坎

这是一座金碧辉煌，飞檐翘角，极其雄伟的建筑，极似武当山道家明清宗教建筑群风格。所以有人将其称为“飞来寺”。意思是这座庙是从武当山飞来的。有人认定现在的重庆市第三人民医院老住院部就是曾经的飞来寺所在地。但缺乏有力的证据，这委实是历史留给我们的一个谜，不过这个谜，不解也罢。

朝天门及下半城的主要街道

二府衙与巴县衙门

重庆二府衙就是清川东道所属36县首府的俗称。地点就在望龙门一带。它面对今西三街，由于许多官府和会馆都设于此，因而十分热闹。古人有“杖藜巾褐称闲情”之说，老重庆人也有他们寻常的休闲生活，通常老街周围便是人们休闲的地方，氛围温馨，街上充满人伦之风和天伦之乐，街周围布满了大小酒楼、茶肆。而且常有大户人家不停地在那里修建房屋。传说举人文伯鲁曾为一家大户题写了一块匾额，上书“邑悬起敬”四个大字。因是举人所写，和今天某些场合差不多，都怕别人笑话自己没文化，观众中懂与不懂都一同称颂。谁知有个“不懂事的”，偏偏将此联的“口、心、己、文”去掉。此联就读成“巴县走狗”四字。这种黑色幽默特别盛行于官府周围。看来古今皆同。

自古衙门朝南开，有理无钱莫进来

巴县衙门25号（原县公堂）

重庆府街

二府街

千厮门行街

九道门

金沙岗下的信义街

能仁寺始建于明代，已有几百年的历史了。其住持叫遍空法师，俗名孙卓君，一九〇三年出身于重庆一名门，在树坤女子中业后，她便潜心向佛。孙卓君最早皈依峨眉山洗象池一位老和

沧桑白象街

民国初，当川西许多地方还在乡场上打锣听戏，跳神算卦，吃着叶儿粑，打着麻将消耗光阴时，重庆已有了周家桢等创办的西部第一家藏书三万余册的图书馆了。位于下半城的白象街就是当时具有代表性的文化街。白象街最早得名于《乾隆志》：“白象街命名无考，在旧同知署后，白象街缘此得名。”早年的白象街是下半城最繁华的街道，整条街由太平门延伸至县庙街，全长近三百米，紧邻望龙门、储奇门、太平门等大码头。西接东华观，那里有重庆第一家图书馆，中有巴县衙门，东有二府衙便于公干。所以自从重庆开埠以来各国外商、洋行多集中在这条街上。20世纪30年代后，以民生公司为首的一些较大的民族工业也落脚在此。后来上海商务印书馆在此开分馆，重庆最早的书店也在这里开张，主要经营《向导》、《中

白象街老街区繁华不再

老街街口

南纪门正街

下半城元通寺

国青年》、《语丝》、《新青年》、《莽原》、《创造周报》、《南鸿》等进步杂志，是山城青年们吸取精神营养的地方。当然，白象街的大小洋行更是不少，如外资三北公司、捷江公司、滇光公司、太古公司、日清公司、怡和公司等。我们将民国时期的白象街比喻为重庆后来的解放碑毫不为过。抗战后期，重庆的商业行政中心逐渐移至上半城，白象街的衰落也是必然的。它的兴衰与重庆近代史的发展紧紧相关。如今的白象街已冷落萧条，从它日渐色衰的脸庞上，我们还能看到已逝的繁华吗？

芝江巷

仁寺始建于明代，已有几百年的历史了。其住持叫遍空法师，孙卓君，一九〇三年出身于重庆一名门，在树坤女子中学毕后，她便潜心向佛。孙卓君最早皈依峨眉山洗象池一位老和

修复中的老街

20世纪50年代的一号桥公路

白象街 142 号（原美商大来公司）

凝聚了几代人回忆的老巷子

朝天门老街道

能仁寺始建于明代，已有几百年的历史了。其住持叫遍空法师俗名孙卓君，一九〇三年出身于重庆一名门，在树坤女子中业后，她便潜心向佛。孙卓君最早皈依峨眉山洗象池一位老和

车水马龙的小什字商业街

运行中的朝天门缆车

望龙门缆车是重庆最早建成的缆车

能仁寺始建于明代，已有几百年的历史了。其住持叫遍空法师
俗名孙卓君，一九〇三年出身于重庆一名门，在树坤女子中
业后，她便潜心向佛。孙卓君最早皈依峨眉山洗象池一位老和

往事何如陈年酒

重庆地处偏远，山虽高且清秀，水虽远但清澈。所以也不乏吸引历代名人到此一游的魅力。重庆最有名的胜迹应首推重庆南岸涂山，向以禹娶涂山氏而名。《水经注》记“江州涂山，有夏禹庙、涂后祠”。《华阳国志》载：“禹娶涂山辛壬癸甲而去，生子启，呱呱啼，不及视，三过其门而不入室，务在救时。”朝天门江中还有望夫石，那便是传说中涂山氏日日登临，望夫早归的地方。清中后期时，重庆本土还出了一个地方名人龚晴皋，乾隆四十四年即公元1779年考取举人，后受山西崞县知县。他一生主要以诗画传世，只可惜世上留传不多。《巴县志》说他的画“外师造化，中得心源”，但求写意，不求工细，但求神韵，不求形似。他的诗看似闲散却意境深邃。如他在诗中写道：“……竹亭一个困短墙，荷花一池散香馥，屋后更留余地多，有梅有杏有古木。此境颇不负平生，买幸得之沾微绿，我老恨不能读书，何以消受此清福。”还有光绪名士赵熙曾住重庆，专门写下咏重庆的诗：“万家灯火气如虹，水势西回复折东。重镇天开巴子国，大城山压禹王宫。楼台市气笙歌外，朝暮江声鼓角中。自古全川财富地，津亭红烛醉春风。”其中“万家灯火”一句可能是描绘重庆夜景最早的诗句。还有“自古西南镇，沧江日夜东。水围巴子国，山压禹王宫”。可成为描写重庆城的千古名句。还有一位清末名臣、近代洋务运动的先驱张之洞也为重庆留下诗句“江与孙水会汉嘉，南下叙州会金沙，泸州南会黔

清末小街之一

老街上从容的行人

泸水，都邑逐渐成繁华。重庆北会西汉入，壮盛灏溔遂无涯，……请歌巴曲教渝舞，夜夜醉看巴江花”。

重庆自成为“陪都”后，更有许多近代史上的名人先后来到重庆，政治上有国共两党领袖，文化上更有数不清的先贤……，可以说重庆的近代发展史在中国近代发展史上占有极其重要的地位。

现在无数先贤们已然远去，但他们留下的处处“圣迹”将继续成为后人所向往、景仰的地方。

重庆老街一瞥

路边的土地神位与孤独的少年

小街进口处

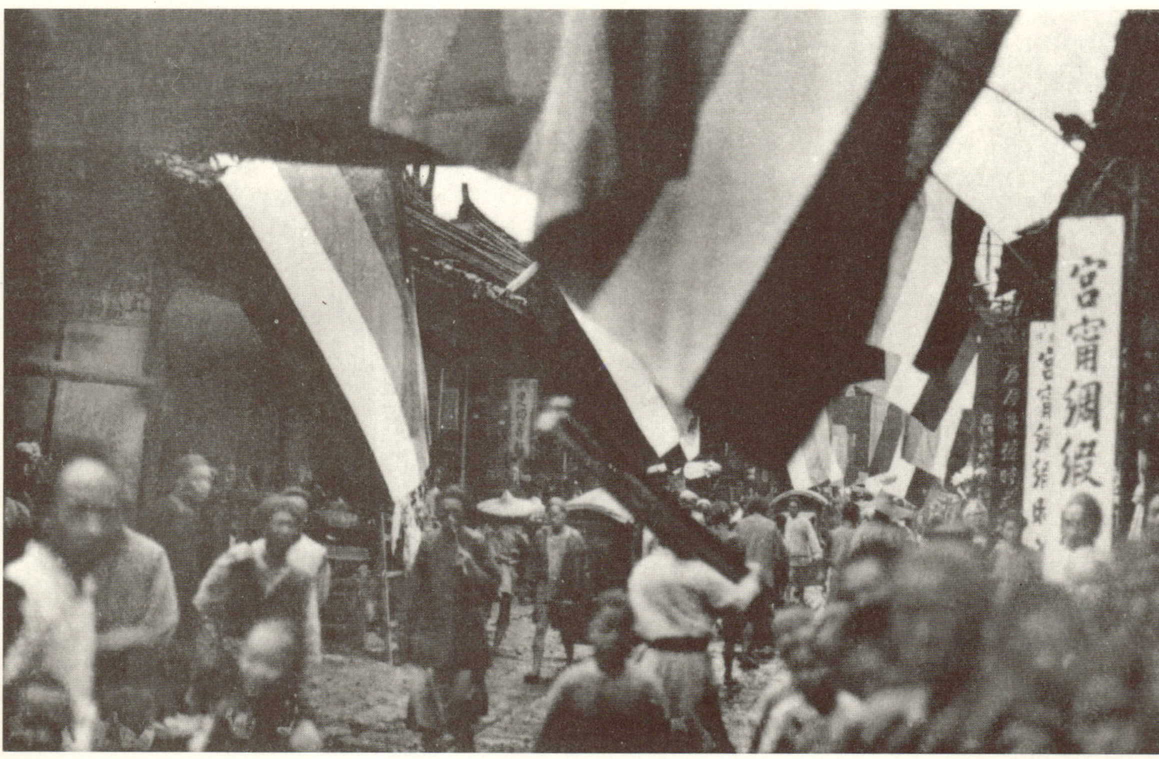

清末小镇街上的热闹场景

能仁寺始建于明代，已有几百年的历史了。其住持叫遍宗法
俗名孙卓君，一九〇三年出身于重庆一名门，在树坤女子中
业后，她便潜心向佛。孙卓君最早皈依峨眉山洗象池一位老

仁与始建于明代，已有几百年的历史了。其住持叫遍空法师，孙卓君。一九〇三年出身于重庆一名门，在树坤女子中学毕后她便潜心向佛。孙卓君最早皈依峨眉山洗象池一位老和

街边的弃儿

民国初街道大都用青石铺成

小街小道亦有味

能仁寺始建于明代，已有几百年的历史了。其住持叫遍空法师，俗名孙卓君，一九〇三年出身于重庆一名门，在树坤女子中
业后，她便潜心向佛。孙卓君最早皈依峨眉山洗象池一位老和

街边等候乘客的轿夫

20 世纪 20 年代的重庆街道

储奇门的药帮

乘公交车经过南纪门站，车上的售票员报站名时常呼“药材、药材”。这个站名报得特别，每每令一些初到重庆的外地人一头雾水。实际上售票员说的就是重庆名气很大的中药材市场——“西部药城”。这个市场的规模很大，药商们经营着数千种中药材，其销售范围覆盖中国东西部各大省市。

解放前的林森路

经营中药材的商人们，形成了一个帮派，从前叫“药帮”。他们同“轿帮”、“米帮”、“粪帮”、“石灰帮”等一样，是一个比较松散的民间组织。清朝中期，全国有三大著名的药帮，即福建的“樟帮”、北京的“京帮”、及四川的“川帮”。重庆的药帮隶属三大药帮最大的“川帮”。药商们初时大多在南纪门、储奇门一带撮合生意，赚取少量回佣。民间称为“牙行”，属民间经纪业。后来形成行栈，开始置业开店，渐渐在靠码头的街上形成市场。清朝末年，重庆药帮有“药七帮”和“药十三帮”之分。“药七帮”属本地帮，它包括：行帮、栈帮、广药帮、择药帮、土药帮、申汉帮、抚州帮。外省帮有：临帮、广帮、怀帮、浙帮、西帮、汉帮。应该说药商在一般生意人当中属于较有文化的一类，中国历来有“不能成良相济世，便以良医活人”的传统，所以从事这一行的人多少有点文化。由于行业特点，他们较一般生意人更重义轻利，并讲究“游戏规则”。到近代，当西方

20世纪50年代的重庆南纪门

古老的药材铺

民主之风吹到重庆时，重庆药帮最先接受了西方有关保险等法律概念。这里有一个比较典型的例子。1930年8月，储奇门一带发生了一场火灾，当时真是“火烧连营”，从南纪门直烧到金紫门。药商们绝大多数损失惨重，不过有一些药商事前曾在英商的白理、太古等保险公司投过火险。可真到理赔时，洋人们却千方百计压低赔率，他们提出的赔付方案是“从火堆中化验灰渣”的办法来确定赔款数。真按此条例赔付，受损药商所得赔款将大大降低。为此药商们曾多次与保险公司的人交涉，均无结果，最后他们选出几名代表与太古公司代表乌特进行谈判，这场谈判地点选在储奇门一家茶馆内，解决问题的程序和方法也很中国化，场上有代表说理，周围有群众助威，首先在气势上就赢得了先机。

带水井的老房（储奇门双巷子）

储奇门大巷子

打锣巷

望龙门巷6号

老街巷

能仁寺始建于明代，已有几百年的历史了。其住持叫遍空法师
俗名孙卓君，一九〇三年出身于重庆一名门，在树坤女子中
业后她便潜心向佛。孙卓君最早皈依峨眉山洗象池一位老和

最后，事情越闹越大。为避免引起更大的骚乱，洋人也不得不在相对公正的赔付条约上签字画押。中国历史上不平等的条约甚多，只有这个条约总算是给国人挣回了一点面子。

小巷里的茶馆

重庆渝中区的下半城，至今仍有一些不大起眼的小茶馆。老式方桌，老式条凳，门面不过二三十平米。加上精明干练的老板娘和十数位每天必来的老茶客。组成老茶馆的全套硬、软件和必不可少的茶馆氛围。时下流行许多新名词，

茶馆小调既精彩又和谐

茶馆是旧时人们休闲的常去之处

商厦叫“广场”，楼房叫“花园”，比赛叫“PK”，理发叫“美容”，做媒叫“中介”，拍照叫“写真”……连茶馆也改叫茶楼了。茶楼与茶馆虽一字之差，但其内涵却绝不相同。

民国时，重庆的大小茶馆有很多。小的不说，较为高档的茶馆就有“大同”、“兰园”、“蔚园”及新生市场内的“白老汇”、青年路的“一乐也”等。那时茶馆的经营者多为袍哥大爷，除日常业务外，还是自家兄弟伙及帮派集中议事的场所。此外，还有大量的小茶馆是大众自娱自乐的场所，经营者都是一些类似“阿庆嫂”式的人物，风风火火，做事利落。在这种茶馆喝茶，花销不大，一碗茶可以泡一天，到打烊时，老板也不会主动赶你走。茶叶都是一些价廉物美的大众茶，如花茶、沱

小巷深处有茶馆

茶等。另外还兼卖佐茶小吃，如胡豆、瓜子、花生等。这种茶馆设施虽然比较简陋，但夏有屋隙来风，凉爽宜人；冬则围炉取暖，闲话家长里短；方桌靠椅、青花盖碗，小巷虽深却有三两知己，轻拂茶碗，远离尘嚣。大方点的有小点心相佐，手头紧的有龙门阵佐茶。只有一点要注意——“休谈国事”。20 世纪 40 年代，重庆流行一首无名氏作的“茶馆小调”：……国事的意见，千万少发表，谈起了国事容易发牢骚，惹起了麻烦，你我都糟糕。说不定你的差事就从此撤掉！我这小小的茶馆，贴上大封条。撤了你的差事不要紧，还要请你坐监牢。最好是说点今天的天气……哈哈哈哈，喝完茶回家睡一个闷头觉。

目前重庆的茶楼越来越多，真正来喝茶的越来越少；赌博的人越来越多，空闲的人越来越少。近来报上说，现在十八梯还有一家不大的茶馆仍然恪守茶馆老传统，尽管谈天说地，绝不打牌设局。桌子是老桌子，茶客也是老茶客。茶资一元，自带茶叶五角，白开水管够。在市场经济日益发展的今天，这家茶馆的存在，十分难能可贵。

热闹的茶馆

重庆韩府——早逝的繁华

自中兴路到回水沟一带约两平方公里左右的地方，曾是清康熙年间重庆总兵韩成的府邸所在，人称“韩府大院”。大院占地包括马蹄街、岀井街、下回水沟与厚慈街的一大片地区。韩府大院的主人叫韩成，山东人。康熙三十九年（1700年）任重庆总兵。因韩成后人世居重庆城内，后改籍巴县。老韩府建筑及周边地区早已在重庆城的数次变迁中被蚕食殆尽。现在，也仅留有一个叫双桅巷的地名。老一点的重庆人依稀听说过从前韩府门前曾立有两根一丈多高的桅杆，石质、雕花，上面还有两个大石斗。有人说这是才高八斗之意。明清以后，官宦人家十分注意门前的装饰。有一种说法叫做“八字龙门子、威风石狮子、双檩双桅子”。因韩成是武举出身，所以他门前的双桅不仅有装饰作用，还是训练士兵攀高的

曾经的韩府旧址现在是回水沟旧货市场

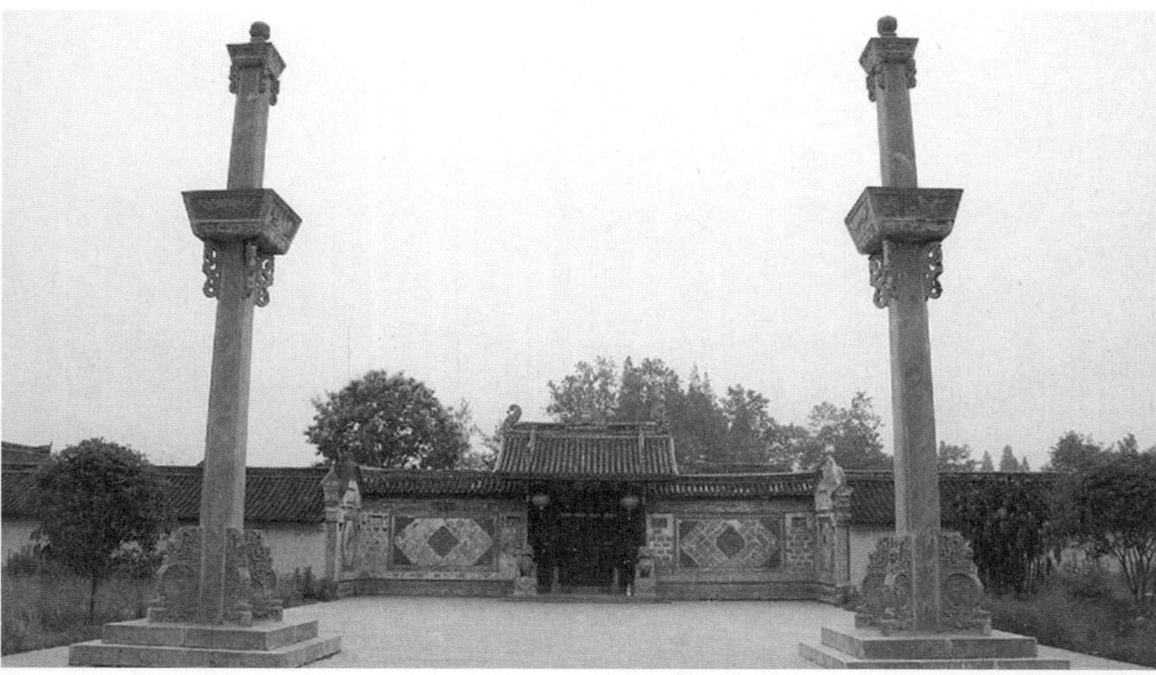

位于四川温江陈家祠堂前的双桅，当年韩府门前的双桅也就是这般模样

清真寺巷

邮政局巷16号老宅院

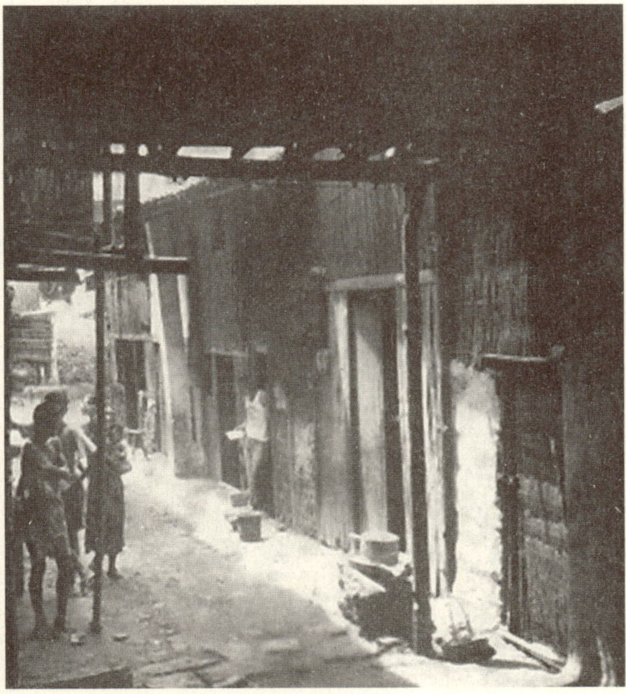

20世纪50年代石板坡残破的民房内也有完整的生活

一种器材。早期的八旗兵一向有严格的军事训练传统，要求士兵们不但谙熟刀、枪、弓、马，而且还必须擅长跳跃、攀爬。

重庆的韩府大院早已颓然，我们无缘目睹，不过想象一下它昔日的繁华应该是一件有趣的事。好在现在成都温江有一座与它类似的陈家祠堂可以参照。陈家祠堂建于清咸丰年间。是出身于巴县的武举陈登俊修建的一处典型的清代官宦大院。其大门前也竖有两根双斗石桅杆，这与同是武举的韩成的地位十分相似。根据重庆的地形地貌特点，韩府的设计者首先应按东西方向确定纵轴线，一边是主人的卧室及书房所在，而另一边则为花厅、戏台等附属建筑群。以双桅为中心的门前大院坝是举行各种重大活动的场所，也是进入主、副建筑群的出入通道。

许多老重庆地图上还留有韩府大巷、韩府小巷、王爷石堡、韩家祠街、双桅子巷等一些与韩府大院有关的地名，便是当年的繁华留下的印记。

节约街上说“节约”

重庆人大都知道，朝天门有条节约街。那里专门批发零售各种日杂用品，有服装、百货、文具及家庭日常生活用品等，品种多，价格比一般大商场至少便宜三分之一。卖家不漫天要价，买家也不落地还价。所以善于持家的家庭主妇们闲时都喜欢到那里去逛逛，买些价廉物美的东西。

民国时，节约街不叫节约街，叫金沙岗。这里是城内山脊尽处，交通四通八达，可从字水街、打铜街、陕西街等处街口进入。民国时，这里以妓女集中而闻名。金沙岗能成为妓女集中较多的地方，首先有其地理上的原因。这里邻近上、中、下三条陕西街，特别是下陕西街，那一带是民国时期金融集中区，

晚清时期的老街

仁寺始建于明代，已有几百年的历史了。其住持叫遍空法师。
孙卓君一九〇三年出身于重庆一名门，在树坤女子中学毕
她便潜心向佛。孙卓君最早皈依峨眉山洗象池一位老和

妓女的青春都很短暂

从前的妓女一条街

票号、当铺、银行多集中在这一地区，为有钱人的花天酒地提供了经济基础。其次，这里又毗邻八大会馆，外来人口众多，这些人都是妓女们的理想客源。据当时不完全的统计，全市妓女不下一万人。除金沙岗外，这些妓女还经常活动于临江门、沧白路、兴隆巷、人民公园、小什字、北区干路、较场口、中兴路、木货街、精神堡垒、老衣服街、夫子池、七星岗、金汤街、两浮支路、南

解放后得到改造的妓女们在愉快地缝制新衣

节约街上成群结队的商贩

区公园一带。她们拉截行人，敲诈盗窃，成为社会毒瘤。重庆解放后，市政府决心一定要清除这颗毒瘤。1951 年 7 月，重庆市公安局、民政局曾联合召开了收容本市妓女、游乞的会议。到 1952 年底，已成功收容和改造了妓女近两万人。这些妓女由于情况复杂、思想混乱，长期不劳而获养成了好逸恶劳的习气。人民政府对她们的改造也采取了不同的方法。短短数年间，重庆的大街小巷就再也见不到这些流莺的身影了。

民国时金沙岗改叫节约街其实是对节约一词的恶搞。有钱人一入花楼，就顾不上节约了，挥金如土才受欢迎。不过现在的节约街早已洗净铅华，回归到市民生活的本身，同时也恢复了节约的本意。

三将军与炮台街、沧白路

许多“老重庆”都记得，在枇杷山的老重庆市博物馆门前，曾摆放了一门青铜大炮。一代又一代的孩子们都有骑在大炮上的留影。

这门大炮就是有名的“三将军”。其实它原来是安放在炮台街(现沧白路)的。此炮造于明代，由当时镇守重庆的官员集中各地的能工巧匠制作。这种炮的后部有一火药孔，炮筒内放铁砂及石子。火药点燃爆炸后，产生的推力就将铁砂等物送出炮口形成杀伤力。原理不复杂，基本上就是一支大火药枪。当时在江津共造了三门这种大炮，口径分别是一尺八寸、一尺六寸和一尺四寸。人们依口径大小不同，将他们取名为“大将军”、“二将军”、“三将军”。“大将军”

原来的沧白纪念堂

沧白路上的张培爵纪念碑

曾安放在南岸鸡冠石和大佛寺之间，后不知去向。“二将军”本打算安放在江北人头山，运输过程中因载重超标，还未到重庆便船沉江底。“三将军”便安放在炮台街，炮台街原来还有炮台，用条石砌成，方十丈，高八尺，气势十分宏伟。解放后，人们将“三将军”移至枇杷山重庆市博物馆门前，几十年后它成为了重庆市博物馆的一件标志性文物。2005 年它又安身在重庆中国三峡博物馆的“城市之路”展厅进口处，是中外观众极为喜爱的文物之一。

炮台街改成沧白路是抗战后期人们为纪念杨沧白这位辛亥革命的先驱而特意改名的。杨沧白，名庶堪，号天隐阁，四川巴县人，清末秀才，是四川近代资产阶级小团体——公强会的创始人。1905 年改组公强会，成立了由孙中山先生领导的同盟会重庆支部。1911 年重庆成立蜀军政府

1953年的洪崖洞

时，众人极力推举杨沧白为都督，而他坚辞不就，只愿尽力相助。“二次革命”时杨出任四川民政长，1923年任广东大元帅府秘书长，1924年任广东省省长。然而杨沧白留给后人的印象更在于他那些才华横溢的诗作，1939年杨沧白凛然拒绝汪精卫诱迫，只身返渝写的一首七律，就深具杜少陵、陆放翁诗之神韵：“抡泪娇孙怆别情，老宁轻命不轻名。深惭赴难方今日，苦说还乡近始成。横海楼船非御敌，行空天马未稽程。频年樗散无长策，终拟山居学耦耕。”1942年8月6日，杨沧白在重庆大石坝逝世，20日国民政府在重庆夫子池举行公祭并决定修建“沧白先生纪念堂”，炮台街也改名为沧白路，以纪念这位可敬的辛亥先驱和杰出的近代诗人。

清闲的老街生活

能仁寺始建于明代，已有几百年的历史了。其住持叫遍空法
俗名孙卓君，一九〇三年出身于重庆一名门，在树坤女子中
业后，她便潜心向佛。孙卓君最早皈依峨眉山洗象池一位老和

整修中的沧白路

不长的沧白路上还有一座非常有意义的纪念碑，就是张培爵纪念碑。张培爵，1876年出生于重庆荣昌。早年与杨沧白、黄复生、熊克武等一道参加了同盟会，成为同盟会重庆支部的主要领导成员，并主要负责军事方面的工作。1911年重庆蜀军政府成立后被推为首任蜀军政府都督。袁世凯就任临时大总统后，大量排斥革命党人，张培爵被调往总统府任一无关紧要的闲职。“二次革命”失败后不久，被袁世凯杀害。就义时年仅39岁。1944年国民党中执委决定修建“张培爵纪念碑”，并于同年竣工。现在经过了五十多年的风风雨雨，这座简易的石质纪念碑仍屹立在沧白路，成为后人祭奠众多辛亥先烈的地方。

十八梯，城市的记忆

十八梯老街

十八梯就在较场口，曾经是连接上下半城的一条老路。这条路全用石阶铺就，坡陡且弯，就像悬在半空中的一把巨型梯子。一旦踏入老石梯，便会猛然发现下面还有一座与上面迥然不同的城市，高低错落的屋顶、打麻将的人群、擦皮鞋的妇女、算命的瞎子，如同一张张泛黄的照片，与得意世界那一片摩天大厦和稠密的人群构成鲜明的对比。走下十八梯，你会发现那里的房屋大都还是用吊脚柱撑起的，老人坐在街边，静静地向街上张望，这里的一切似乎都和时间无关，不紧不慢、悠哉游哉。再往下走，有一条横着的街叫守备街，与它很近的就是厚慈街。这里热闹、脏乱，也许正是这样才将导演霍建起吸引过来，与陶泽如、陶红一起拍

老街巷

能仁寺始建于明代，已有几百年的历史了。其住持叫遍空法师，俗名孙卓君，一九〇三年出身于重庆一名门，在樹坤女子中业后她便潜心向佛。孙卓君最早皈依峨眉山洗象池一位老和

青石板路说不尽十八梯的沧桑

解放后重修较场口

雨中的小什字街道

摄了一场“生活秀”。演员陶红还因此获得了“百花奖影后”的称号。十八梯的菜市场内隐藏了许多小饭馆，那是些真正的民间美味，与大饭店就是不一样。

十八梯还不是旅游点，连很多在重庆生活了多年的人都不知道这个地名，十八梯的原住居民也纷纷搬离了这里，外来人口又慢慢被浓浓的重庆火锅、直率的重庆方言同化。

十八梯，为老重庆留下了最后的记忆。

十八梯下的小巷之二

十八梯下的小巷之一

十八梯下的小巷之三

十八梯下的小巷之四

仁寺始建于明代，已有几百年的历史了。其住持叫遍空法师，孙卓君，一九〇三年出身于重庆一名门，在树坤女子中学毕后，她便潜心向佛。孙卓君最早皈依峨眉山洗象池一位老和

建在石岩上的民居（十八梯）

其他

本章中所选为主城区外的部分老街巷和重庆最具代表性的古镇老街，它们各具特色，建筑风格和自然人文环境都还保留着既古老而又淳朴的原貌，为我们留下了悠远而又纯真的记忆。

磁器口正街高石坎

仁寺始建于明代，已有几百年的历史了。其住持叫遍空法师，
孙卓君。一九〇三年出身于重庆一名门，在树坤女子中学毕
后，她便潜心向佛。孙卓君最早皈依峨眉山洗象池一位老和

被磨平的石梯坎

火麻巷

征收局巷

南岸老码头正街，位于长江南岸

能仁寺始建于明代，已有几百年的历史了。其住持叫遍空法师
俗名孙卓君，一九〇三年出身于重庆一名门，在树坤女子中
业后，她便潜心向佛。孙卓君最早皈依峨眉山洗象池一位老和

走进九道门小巷，仿佛走进了历史

九道门里的两个小孩

四德村

能仁寺始建于明代，已有几百年的历史了。其住持叫遍空法师，俗名孙卓君，一九〇三年出身于重庆一名门，在树坤女子中学毕业后，她便潜心向佛。孙卓君最早皈依峨眉山洗象池一位老和

陕西路29号（原三百公司钱庄）

水巷子街

沙坪坝街上的黄包车

上安乐洞

仁寺始建于明代，已有几百年的历史了。其住持叫遍空法师，孙卓君，一九〇三年出身于重庆一名门，在树坤女子中学毕

居，她便潜心向佛。孙卓君最早皈依峨眉山洗象池一位老和

嘉陵新村

江北城老街

20世纪20年代的重庆江北城

房破屋旧、冷暖相知（老江北城后街）

能仁寺始建于明代，已有几百年的历史了。其住持叫遍空法师，俗名孙卓君，一九〇三年出身于重庆一名门，在树坤女子中业后，她便潜心向佛。孙卓君最早皈依峨眉山洗象池一位老和

1936 年修建的第一条从李子坝至磁器口的市郊公路

“嗨！朋友”（老江北城后街）

成渝公路老鹰岩段

20世纪40年代的北碚

20世纪30年代的北碚街景

抗战时期的中山路

20世纪40年代的北碚街景

万州古桥

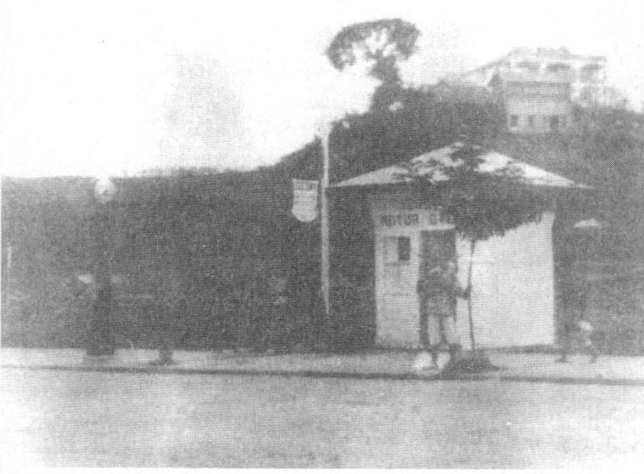

1932年正式通车的成渝公路

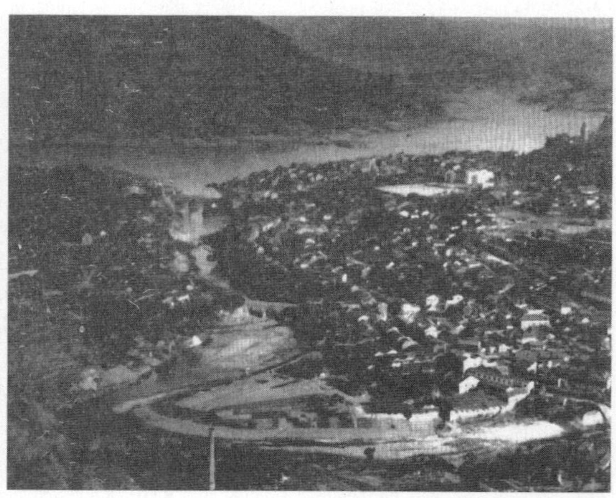

“川东门户”万州旧影

能仁寺始建于明代，已有几百年的历史了。其住持叫遍空法师俗名孙卓君，一九〇三年出身于重庆一名门，在树坤女子中业后她便潜心向佛。孙卓君最早皈依峨眉山洗象池一位老和

万州——璀璨的长江明珠，繁华的千年商埠

万州高笋塘旧影：唐宋勒封院遗址。曾有一股清泉，满塘荷花。宋时万州刺史方泽认为此泉与无锡惠泉不相上下。

重庆市石柱西沱镇 云梯街

西沱镇位于重庆市石柱土家族自治县，忠县、石柱、万县三县交界处，与忠县石宝寨隔江相望。在西周时期就有人类居住，到唐宋时期逐步成为连接四川、湖北的重要港口，至清，成为川鄂交通要塞。由于以经营川盐闻名，也有“盐镇”的称谓。

巫山大昌镇 温家大院，建于明末清初

大昌古镇位于巫山县以北大宁河东岸，是一座有1700多年历史的古城，因有大宁河航运之便，西晋便在此设县。如今的大昌镇城区为宋代大昌县县治所在地，保存有东、西、南三座城门，两条呈丁字形的街道和部分清代民居。

忠县洋渡镇 洋渡场石板街和民居

洋渡镇位于忠县与丰都县交界处，坐落在长江南岸。洋渡在历史上是一个重要的水运口岸和石柱、丰都、忠县交界地的重要集镇，昔日车水马龙、百业兴旺、集市繁荣、寺庙众多。

寺始建于明代，已有几百年的历史了。其住持叫遍空法师，
孙卓君，一九〇三年出身于重庆一名门，在树坤女子中学毕
后，她便潜心向佛。孙卓君最早皈依峨眉山洗象池一位老和

忠县洋渡镇 场垭口

石磨与小巷

永川松溉镇 长江上游的千年古镇

松溉镇濒临长江，距永川城区约50公里，因境内有松子山和溉水而得名，已有上千年历史。这里是永川、荣昌、隆昌、泸州、铜梁、大足、内江一带商贾往来的集散枢纽。水路有上中下三个码头，陆路运输主要是马帮。

能仁寺始建于明代，已有几百年的历史了。其住持叫遍空法师，俗名孙卓君，一九〇三年出身于重庆一名门，在树坤女子中业后她便潜心向佛。孙卓君最早皈依峨眉山洗象池一位老和

大足铁山镇 铁山镇石板街

铁山镇位于大足县西北边缘，与荣昌和四川安岳县相连。铁山镇原名铁山坪，始建于清嘉庆年间，最初有江西蔡家在此修建蔡家油房，后发展到染房、烤酒房。这里地势较平，交通方便，又地处三县交界，在历史上曾是一个十分繁华的乡场。

龚滩古镇

老街巷

能仁寺始建于明代，已有几百年的历史了，其住持叫遍空法

俗名孙卓君，一九〇三年出身于重庆一名门，在树坤女子中

业后，她便潜心向佛。孙卓君最早皈依峨眉山洗象池一位老和

江津塘河镇 塘河正街街景

塘河镇位于重庆江津与四川合江交界处，碧水环绕、风景优美。塘河镇始建于清乾隆四十七年（公元1784年），从最初的王孙陈三家大姓逐渐形成现在的规模。镇上居名飞檐斗拱、雕梁画栋，老街古朴宁静，城市的喧嚣和烦躁在这里茫然无存。

古老的石板路，整洁的木板房

仁与始建于明代，已有几百年的历史了。其住持叫遍空法师，
孙卓君。一九〇三年出身于重庆一名门，在树坤女子中学毕
地便潜心向佛。孙卓君最早皈依峨眉山洗象池一位老和

修复中的老街

风雨过街楼

九曲回肠的石板路

临江吊脚楼，依山木构房

悠悠石板街，夕阳光斑斜

老巷中的青石板路

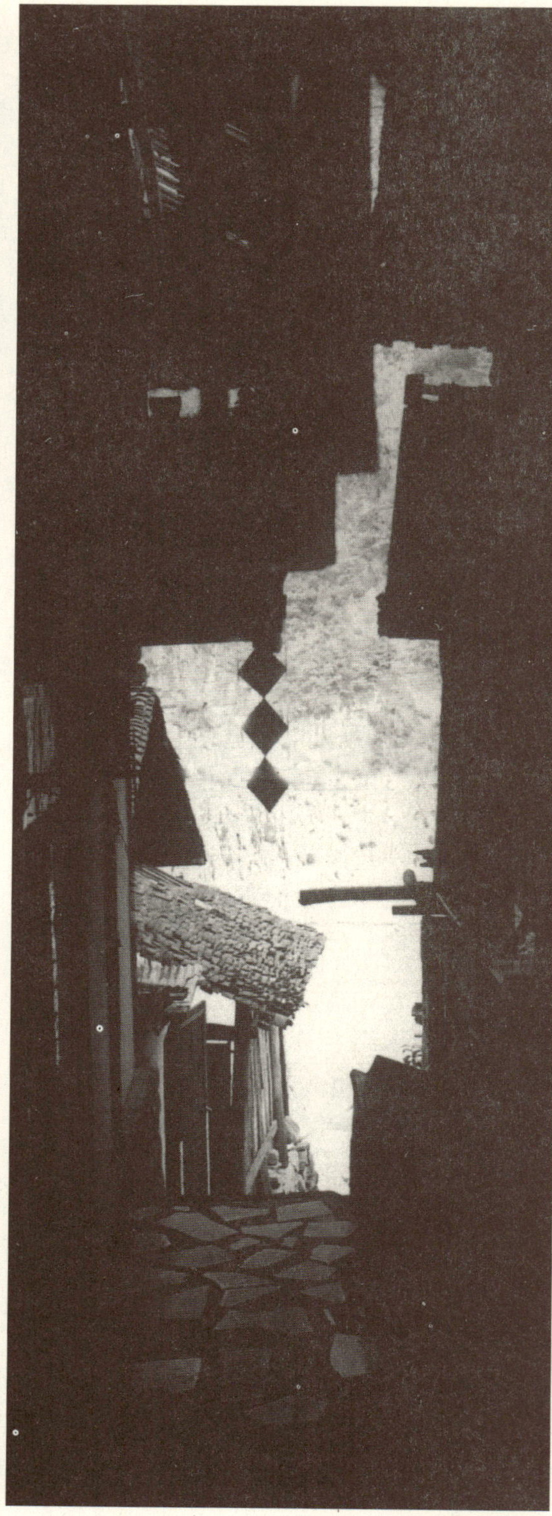

小巷尽头是溪流

能仁寺始建于明代，已有几百年的历史了。其住持叫遍空法师，俗名孙卓君，一九〇三年出身于重庆一名门，在树坤女子中业后，她便潜心向佛。孙卓君最早皈依峨眉山洗象池一住老和

[仁]寺始建于明代，已有几百年的历史了。其住持叫遍空法师，孙卓君，一九〇三年出身于重庆一名门，在树坤女子中学毕[illegible]地须替心向佛。孙卓君最早皈依峨眉山洗象池一位老和

残存的阶梯见证了岁月的沧桑

蜿蜒起伏的石板路

爬不完的石梯坎

仁寺始建于明代。已有几百年的历史了。其住持叫遍空法师，孙卓君。一九〇三年出身于重庆一名门。在树坤女子中学毕

居，她便潜心向佛。孙卓君最早皈依峨眉山洗象池一位老和

古镇夕阳

过街楼一线天

古镇小商铺

宁静的老街道

綦江东溪镇 古盐道

东溪镇位于重庆市綦江县城南50公里的琵琶山麓，为渝黔交通的必经之地，自古即为一处重要的水陆贸易商埠。东溪曾为水码头，销往黔东的食盐多由此处转运，因此也有盐道之称。

能仁寺始建于明代，已有几百年的历史了。其住持叫遍空法师，俗名孙卓君，一九〇三年出身于重庆一名门，在树坤女子中……业后她便潜心向佛。孙卓君最早皈依峨眉山洗象池一位老和

仁寺始建于明代，已有几百年的历史了。其住持叫遍空法师，
孙卓君，一九〇三年出身于重庆一名门，在树坤女子中学毕
后，她便潜心向佛。孙卓君最早皈依峨眉山洗象池一位老和

巴南丰盛镇 石板老街

丰盛镇位于重庆巴南区的最东端，距市区约两小时车程。丰盛镇历史悠久，宋明时期为连接南川、涪陵、木洞、羊鹿等地的重要驿站，清朝中期各地移民迁居此地，开垦耕作，经商办厂，商贾往来，客栈林立，甚为繁盛兴旺。

千回百转的石梯

能仁寺始建于明代，已有几百年的历史了。其住持叫遍空法师
俗名孙卓君。一九〇三年出身于重庆一名门，在树坤女子中
业后她便潜心向佛。孙卓君最早皈依峨眉山洗象池一位老和

狭窄而昏暗的古街道

老街人烟稀少，生意冷清

整洁的古街道

能仁寺始建于明代，已有几百年的历史了。其住持叫遍宗法师
俗名孙卓君，一九〇三年出身于重庆一名门，在树坤女子中
业后，她便潜心向佛。孙卓君最早皈依峨眉山洗象池一位老和

小巷深深深几许

奉节竹园镇 石龙街俯视

竹园镇位于奉节县北部，距县城67公里，北邻巫溪县、西接云阳县，有一脚踏三县之称。竹园镇地势较平，四周都是大山。始建于明末清初，镇内多为清末民初建筑，雕梁画栋，显示了古代匠人的高超技艺。

酉阳清泉乡 老街风情

清泉乡位于乌江江畔，距龚滩古镇不到一个小时船程，清泉乡曾名为清溪场，始建于清初，在清咸丰年至民国时期，是生漆交易的重要集市。清泉乡是土家族、苗族聚居的地方。街上民居多为民国时期所建，石板老街有近1公里长。

悠长的老街道

能仁寺始建于明代，已有几百年的历史了。其住持叫遍空法师，俗名孙卓君，一九〇三年出身于重庆一名门，在树坤女子中
业后她便潜心向佛。孙卓君最早皈依峨眉山洗象池一位老和

寺始建于明代，已有几百年的历史了。其住持叫遍空法师，
居。孙卓君，一九〇三年出身于重庆一名门，在树坤女子中学毕
她便潜心向佛。孙卓君最早皈依峨眉山洗象池一位老和

一路云梯连三县，千里盐道通鄂西

古镇里斑驳的泥墙，经历了几多沧桑

奉节兴隆镇 老街全景

兴隆镇位于奉节县南端，毗邻湖北省建始县。兴隆镇始建于明正德年间，古称“三脚坝”，后改称三角坝。因地处川鄂边界，商贸繁荣，为重要的物资集散中心。兴隆盛产党参、贝母、烟叶等名贵药材和经济作物，历来“生意兴隆”。

涪陵蔺市镇 老街

蔺市镇位于涪陵西部长江南岸，距涪陵城区 22 公里。蔺市镇的历史悠久，在新石器时代即有人类活动的痕迹，到汉代已有稠密的村落，唐宋时为驿站。清朝末年，因蔺市人杰地灵、民风淳朴，被朝廷命名为“君子镇”。

老街巷

能仁寺始建于明代，已有几百年的历史了。其住持叫遍空法[师]
俗名孙卓君，一九〇三年出身于重庆一名门，在树坤女子中[学]
业后她便潜心向佛。孙卓君最早皈依峨眉山洗象池一位老和[尚]

北碚偏岩镇 偏岩场石板街

偏岩镇建镇于清乾隆二十四年（1759年），距重庆城区80余公里，因镇北处有高岩倾斜悬空而得名。它是重庆往华蓥故道方向的一座工商古镇，为故时去川北做生意的商人与到华蓥山礼佛的香客的必经之处。

寺始建于明代。已有几百年的历史了。其住持叫遍空法师。
孙卓君，一九〇三年出身于重庆一名门。在树坤女子中学毕
居 她便潜心向佛。孙卓君最早皈依峨眉山洗象池一位老和

偏岩半边街

乡场上的吊脚楼

悠长的古巷道

能仁寺始建于明代，已有几百年的历史了。其住持叫遍空法师，俗名孙卓君，一九〇三年出身于重庆一名门，在树坤女子中业后她便潜心向佛。孙卓君最早皈依峨眉山洗象池一位老和

庵始建于明代。已有几百年的历史了。其住持叫遍空法师。孙卓君。一九〇三年出身于重庆一名门。在樹坤女子中学毕居她便潜心向佛。孙卓君最早皈依峨眉山洗象池一位老和

高低盘旋石板路，土家悠然度人生

宁静的古街道上，人们的生活节奏似乎在不知不觉中慢了下来

能仁寺始建于明代。已有几百年的历史了。其住持叫遍宗法师
俗名孙卓君，一九〇三年出身于重庆一名门，在树坤女子中
业后她便潜心向佛。孙卓君最早皈依峨眉山洗象池一位老和

寺始建于明代，已有几百年的历史了。其住持叫遍空法师，孙卓君，一九〇三年出身于重庆一名门，在树坤女子中学毕业，受替以句弗。孙卓君最早皈依峨眉山先象也一位老和

古老的檐灯，闪烁着山民的希望

丰都高家镇　古巷一隅

高家镇坐落在长江南岸，从丰都乘快船沿江而下，仅需20分钟。早在旧石器时代就有人类在这里生息，至宋代，有高姓夫妇开店于此，渐渐形成了集市，又发展为大镇，于是得名高家镇。高家镇地处三县水陆交通要冲，时至今日，依然水运繁忙，商号林立，素有“丰都重镇”之称。

江津白沙镇 高家坳老街

白沙镇距江津城区西部45公里，依山而建，沿江而筑，因地处江岸，沙滩呈白色而得名，其历史可上溯到东汉时期。白沙上接叙泸、下通渝涪、南驰黔滇、北走永璧。自古以来，白沙井市繁荣，水运繁忙，是农副产品集散的重要集镇。

龚滩杨家行，现存建筑建于清宣统元年

涪陵大顺场 老街一线天

大顺场位于涪陵区西南，这里地形平缓，周边十分开阔。在清中叶，这里就成为方圆几十里乡民购买生活用品、进行物资交易的一个场镇。大顺场历史上属于移民区域，以客家人为主，留下了许多闽南粤东一带的乡土风格建筑。

古桥

桥梁是道路的延伸。本章中所选为重庆颇具代表性的古桥，它们是街道不可或缺的一部分。它们各具特色，其建筑风格和自然、人文环境都还保留着既古老又质朴的原生状。

回龙桥雄姿

酉阳清泉乡有条山涧，因水流湍急、落差很大成为阻挡清泉乡与外界交往的天然障碍。清同治年间，乡绅集资在峡谷上建桥，请来各地名匠精心打造，于同治十年十月竣工，题“回龙桥”，迄今已有130年历史。廊桥长29米，宽4.3米，分九洞十列，桥上横铺木板为面。整桥为木柱穿斗，无铁钉扣铆，故又称“无钉桥”。

幽谷廊桥

回龙桥内部结构

秀山梅江镇錾字桥（上）

錾字桥始建于清康熙三十七年，为木结构三重檐廊桥。因河水泛滥，多次被毁。现存廊桥建于民国三十四年，桥长11.7米，宽4.2米，造型小巧精致，结构严谨。

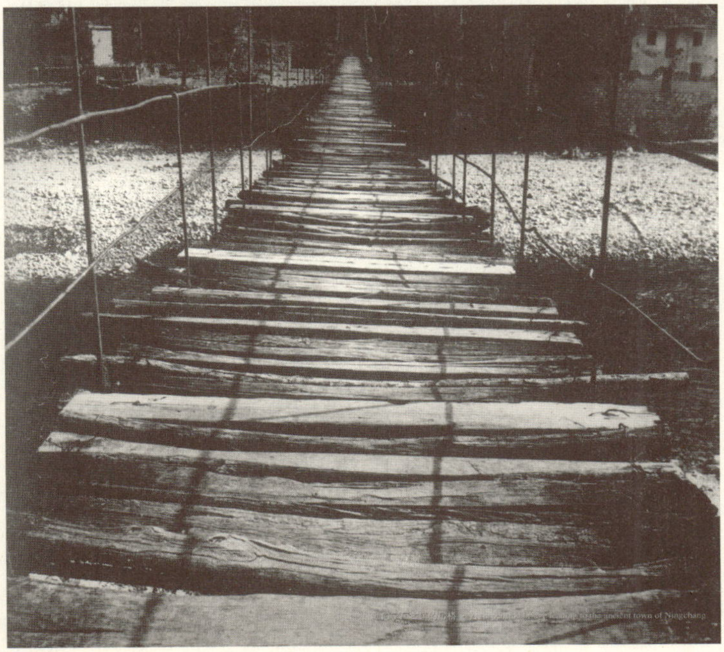

通向宁厂古镇的吊桥

用峡石垒砌的拱桥

东溪镇下太平桥

能仁寺始建于明代，已有几百年的历史了。其住持叫遍空法师，俗名孙卓君，一九〇三年出身于重庆一名门，在树坤女子中学毕业后她便潜心向佛。孙卓君最早皈依峨眉山洗象池一位老和仁寺始建于明代，已有几百年的历史了。其住持叫遍空法师，孙卓君，一九〇三年出身于重庆一名门，在树坤女子中学毕业后，她便潜心向佛。孙卓君最早皈依峨眉山洗象池一位老和

奉节兴隆镇碗窑坝风雨桥

风雨桥内廊

风雨桥桥头

秀山梅江镇万寿桥

该桥位于梅江河上，为三孔石拱桥，建于明洪武十三年（公元 1380 年），距今已有 600 多年历史。桥长 43.6 米，宽 5.6 米，每拱高 6.7 米，跨度 8.8 米，至今保存基本完好。

万寿桥石拱

能仁寺始建于明代，已有几百年的历史了。其住持叫适宗法师，俗名孙卓君，一九〇三年出身于重庆一名门，在树坤女子中业后，她便潜心向佛。孙卓君最早皈依峨眉山洗象池一位老和

后记

虽然每次填籍贯时，我都习惯地写成浙江。但从自己的生活习惯上来看，我一直认为自己是一个地地道道的重庆人。我热爱重庆，这里是生我养我的地方，我喜欢这里的空气、食品、气候……但我最喜欢的还是这里极富人情味的民间文化。

由于重庆市区特有的地域特点，上下半城自然形成了一些大大小小的街巷。在这些街巷中居住着许多勤劳而又善良的街坊邻居，能在他们的呵斥和关爱中长大，可以说是一种难得的幸福。住在那些老街道里，一家人吃红烧肉，满街人都可以品尝、一家人炖鸡汤的香味，可以弥漫整条街巷。有客人来而主人又不在家时，客人可以到邻家小憩再顺便吃一顿便餐。人与人之间这种类似儿童的淳朴和热情从小便在我心中留下了深深的烙印。

现在当我开始收集这些老街道的有关资料时，才发现这是一件比较困难的事，我们相当缺乏这座城市的生长档案。别的不论，单从感情上来讲，我们实在有点对不起这座养育我们长大的城市。

感谢重庆出版社和重庆中国三峡博物馆给了我一次回头看看我们这座美丽城市成长的机会。经过了数月的工作，我更加深了对她的理解和热爱，并希望能将此与广大读者分享，若能如此，我的目的也就达到了。为此我还要感谢三峡博物馆的各级领导对这项工作提供了大量便利的条件，以及王越川、毛智、魏婷婷、王博、肖时跃、陶昕、衡元庆等人为此书付出的劳动。在此深表谢意，并以为记。

2006 年岁末于重庆中国三峡博物馆

朱 俊

◎《老重庆影像志》◎

老城门
老重庆影像志
壹

老房子
老重庆影像志
贰

老码头
老重庆影像志
肆

老地图
老重庆影像志
伍

老广告
老重庆影像志
陆

老档案
老重庆影像志
柒

老行当
老重庆影像志
捌

老风尚
老重庆影像志
玖

老钱票
老重庆影像志
拾